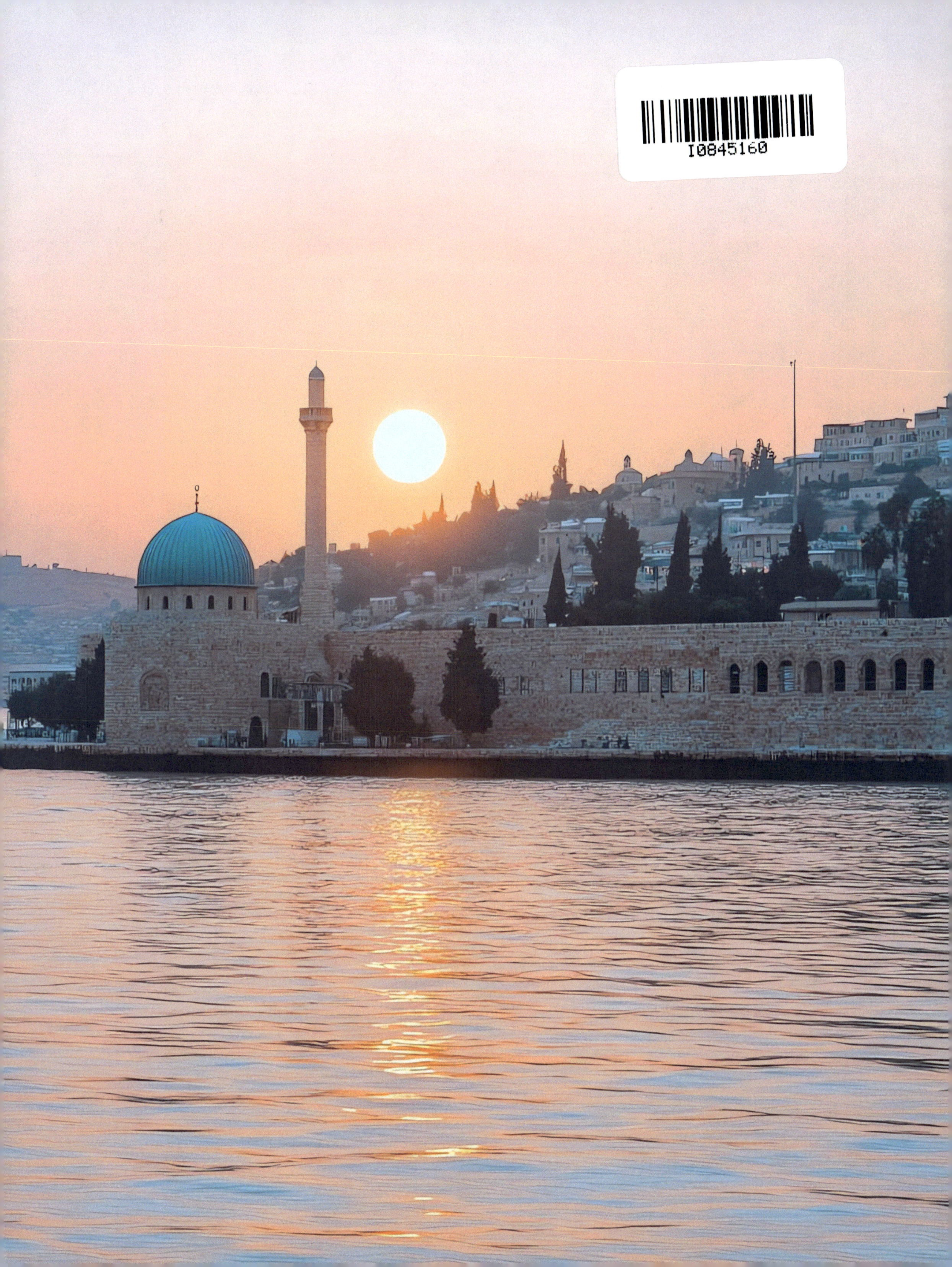

I0845160

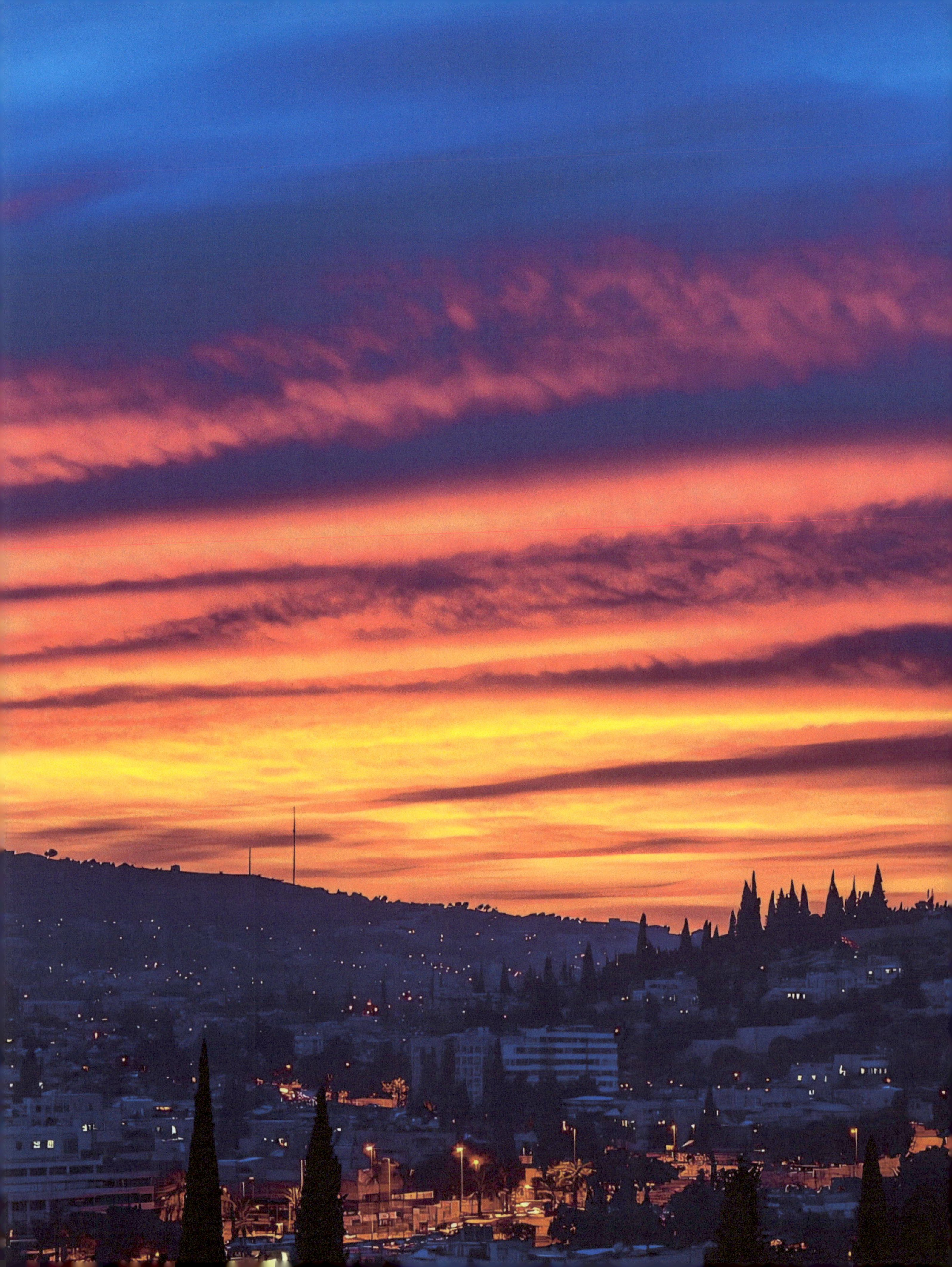

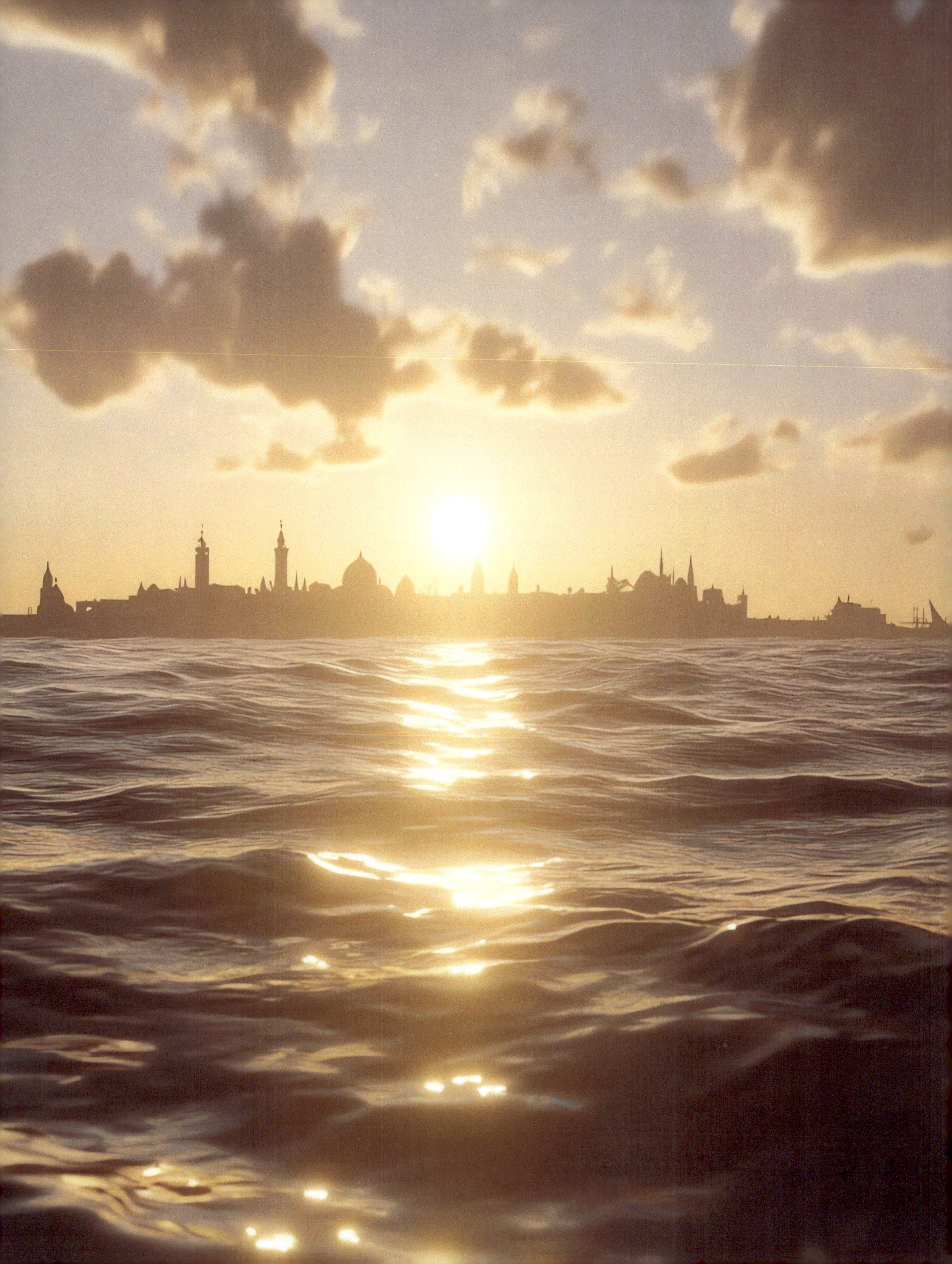

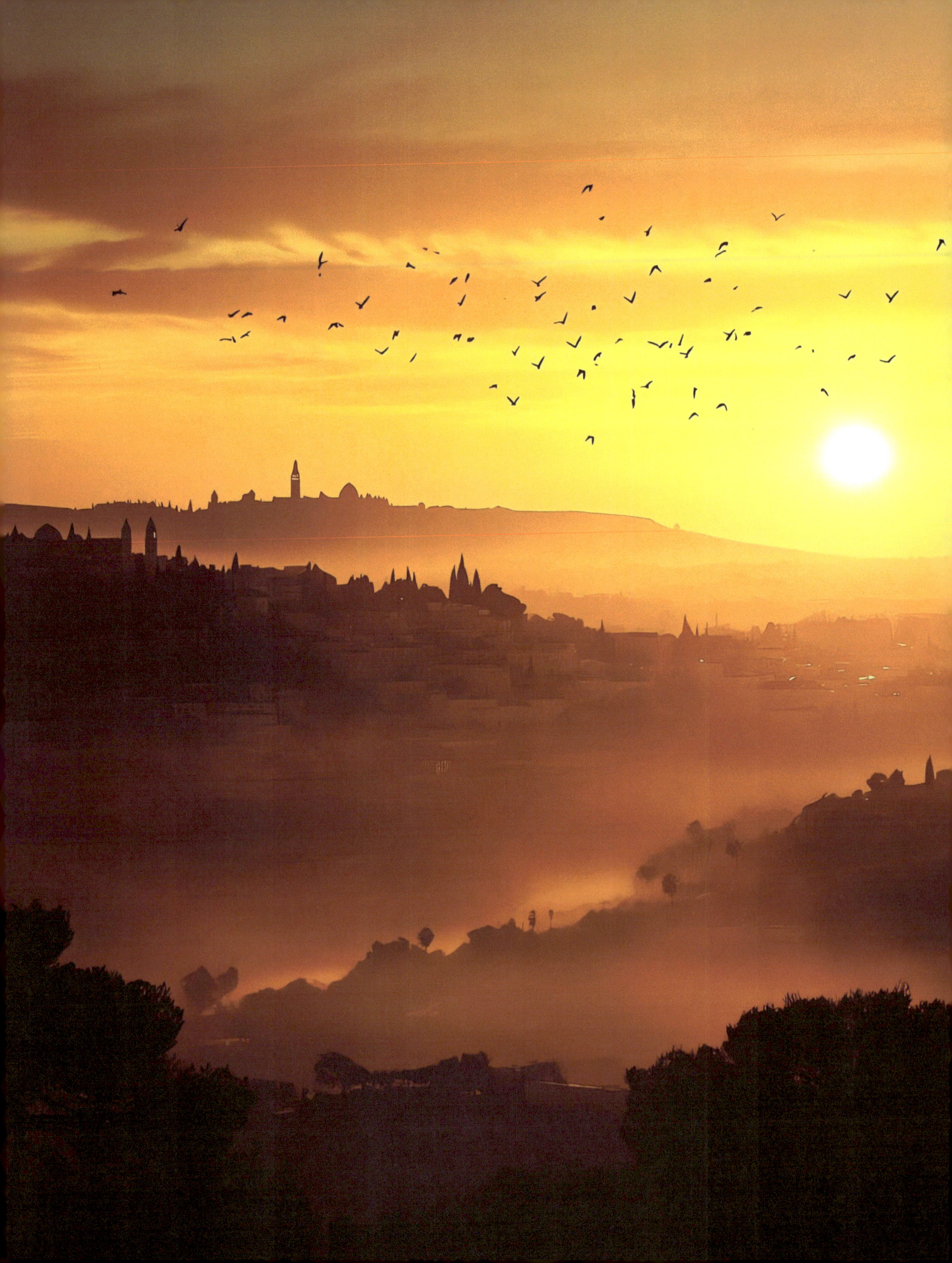

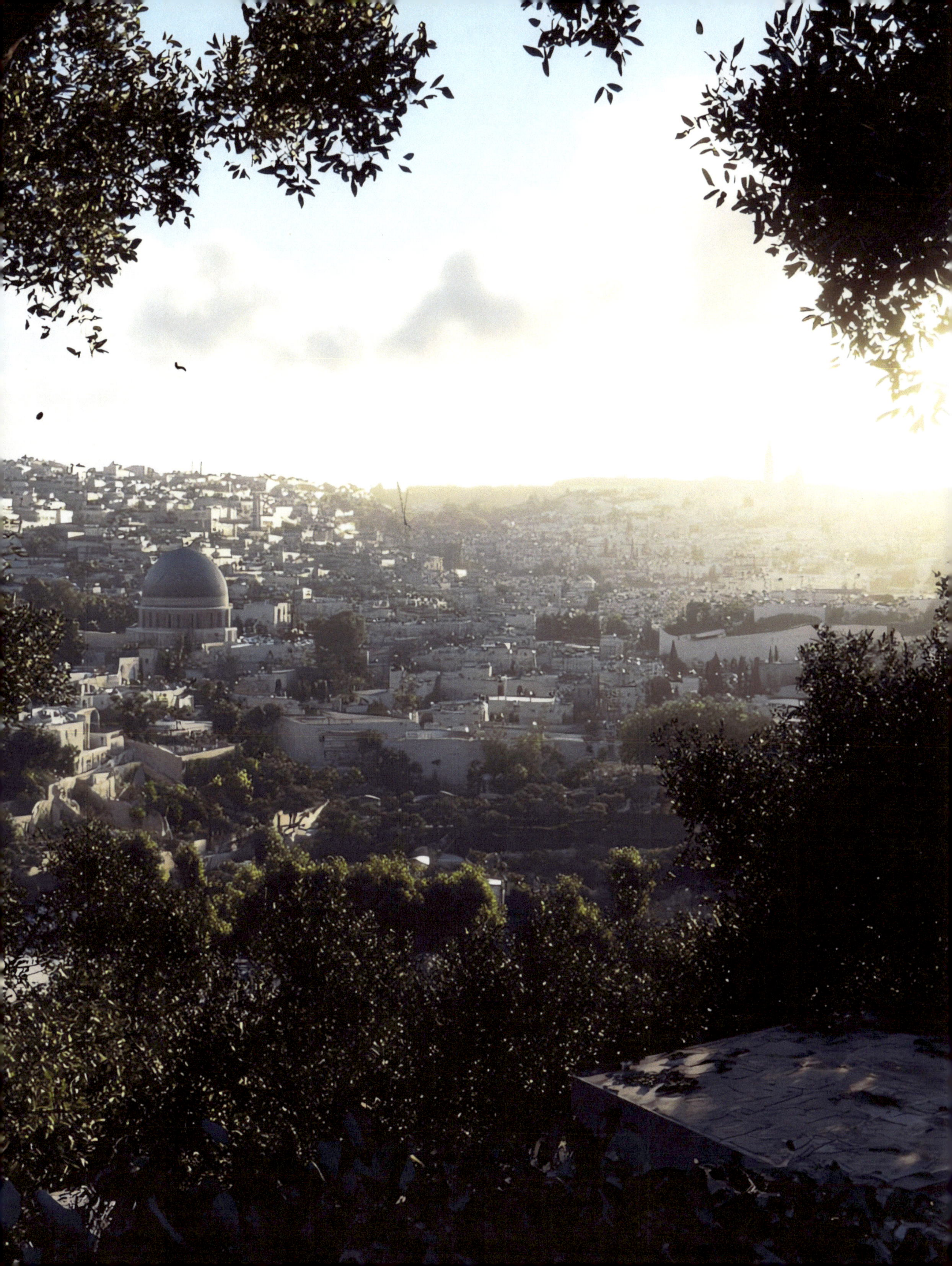

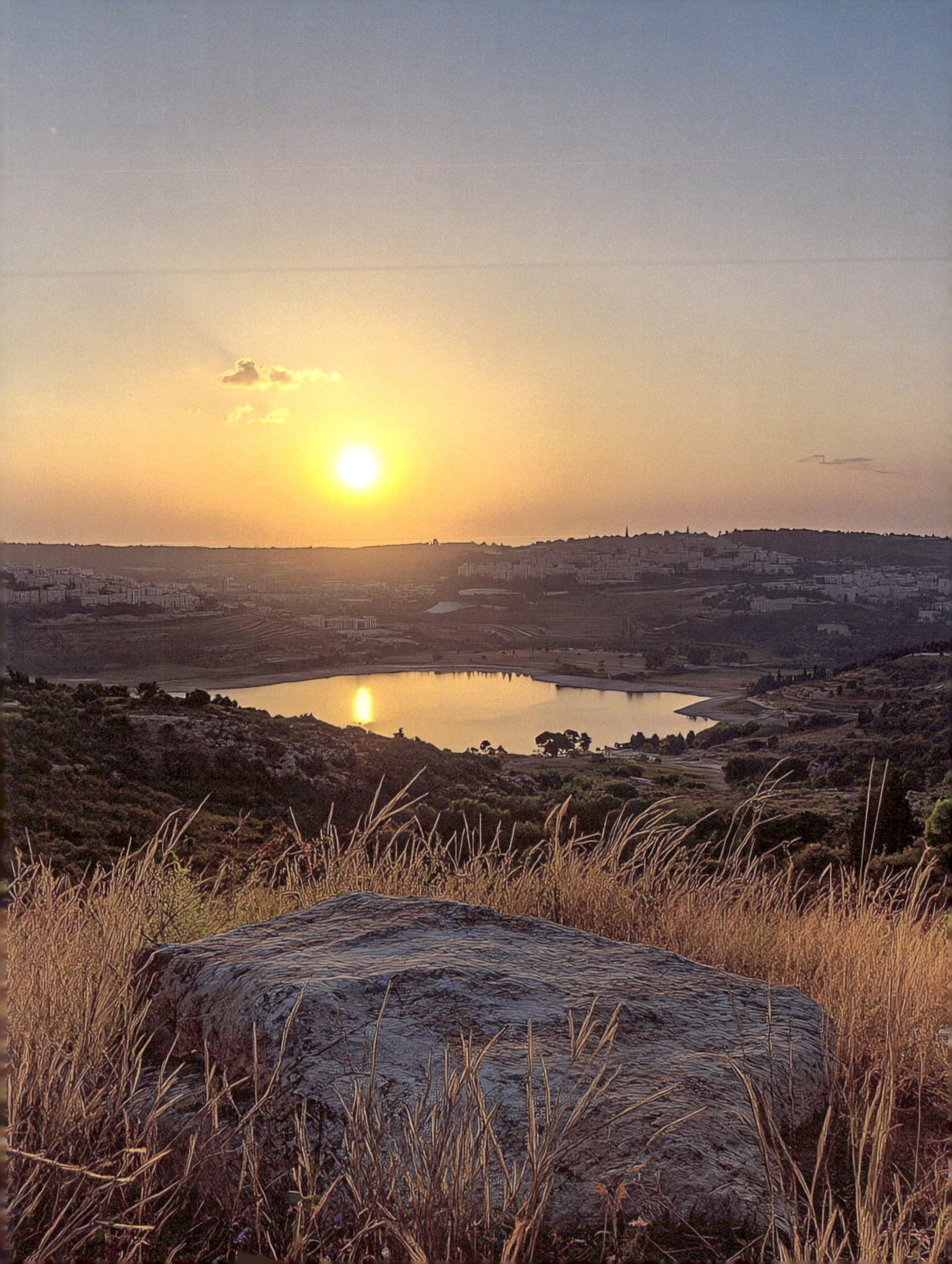

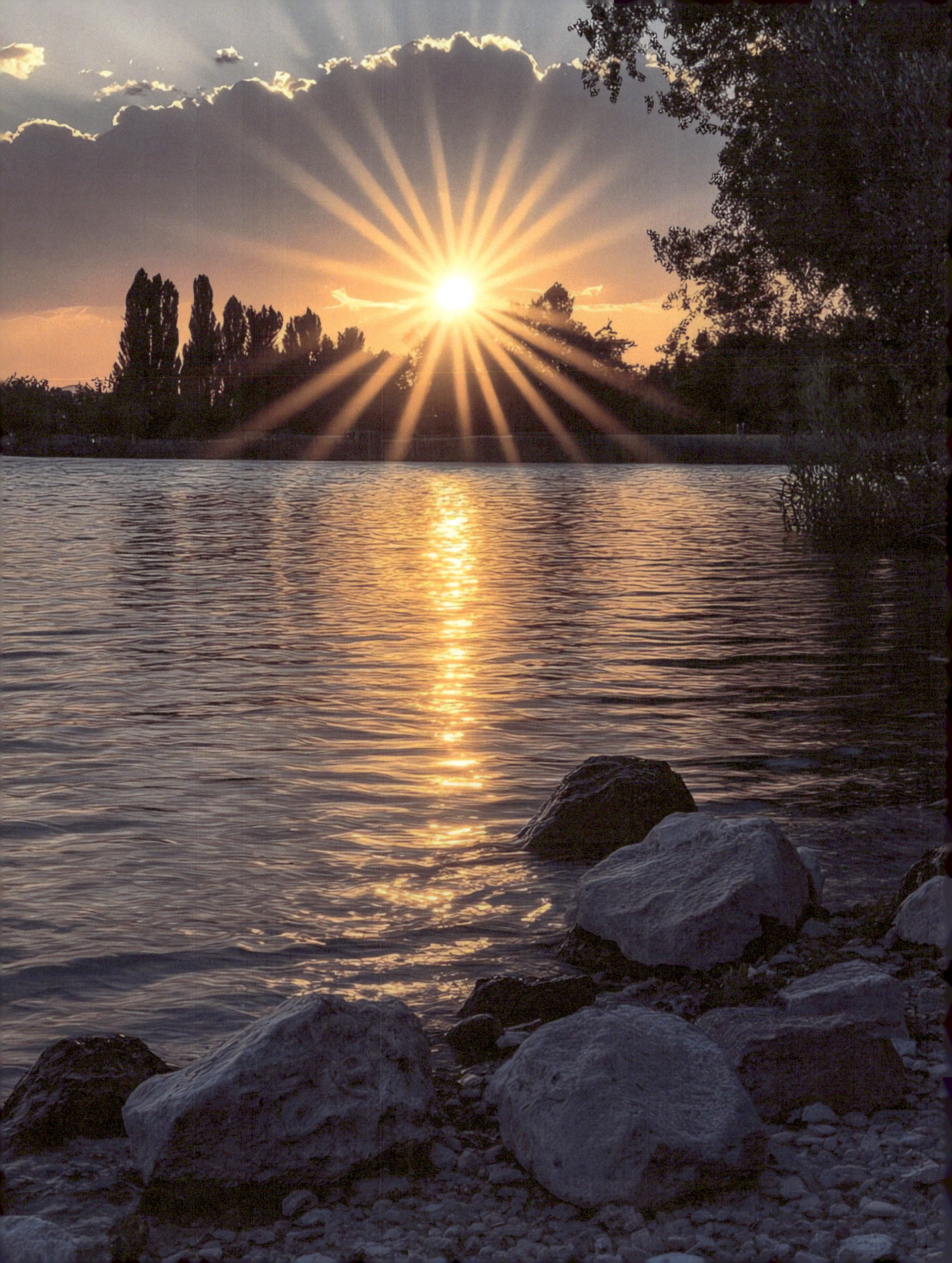

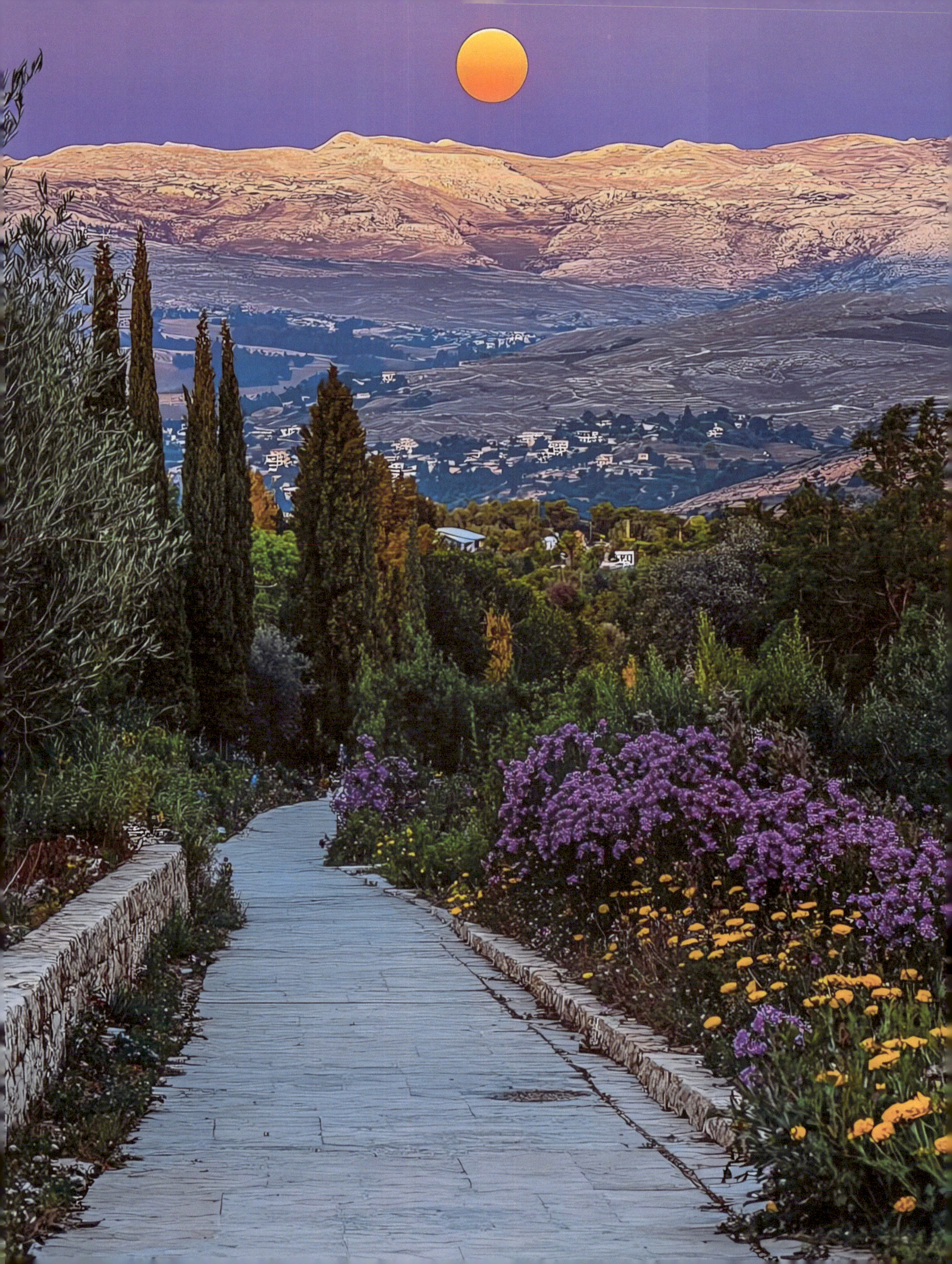

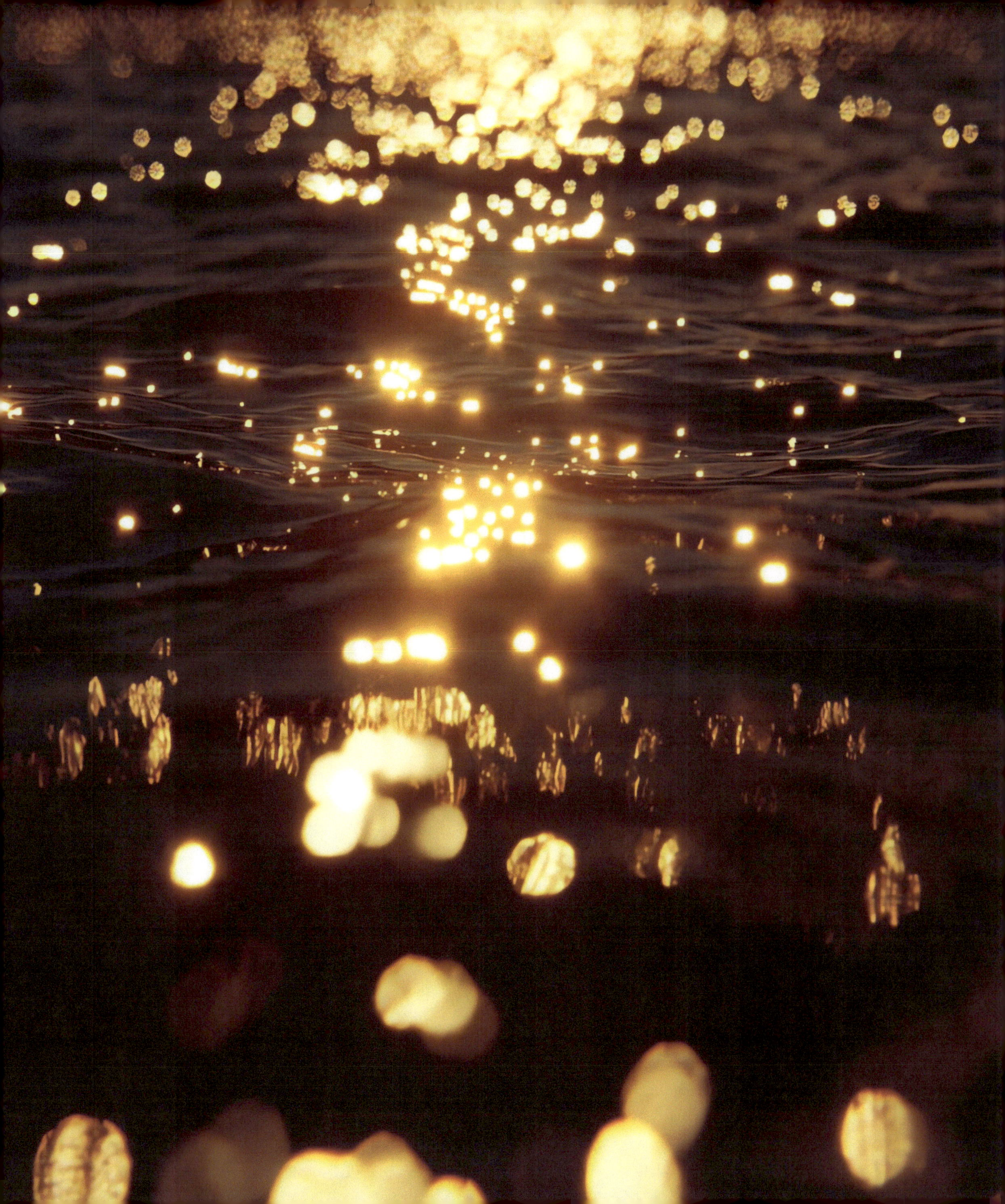

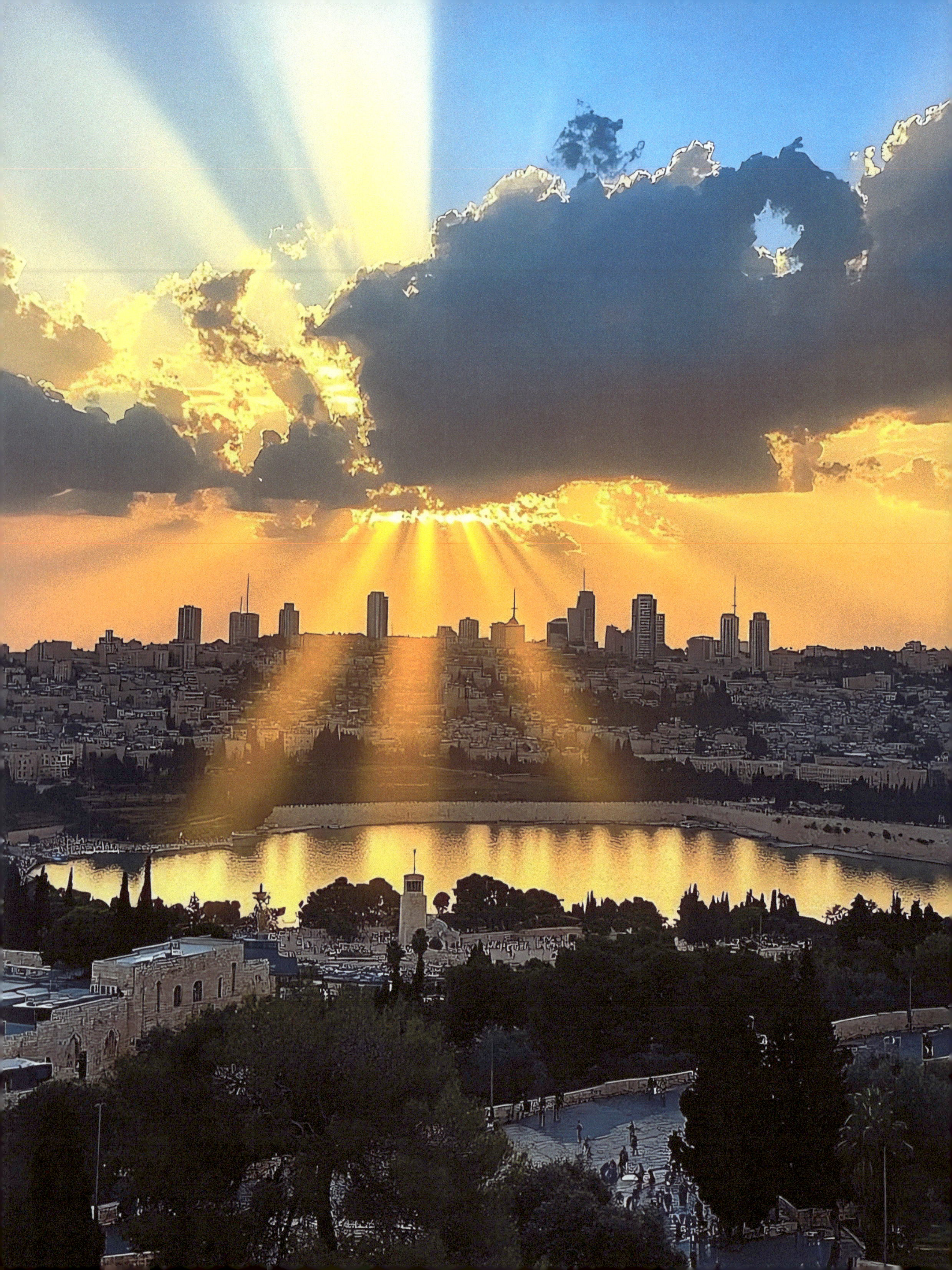

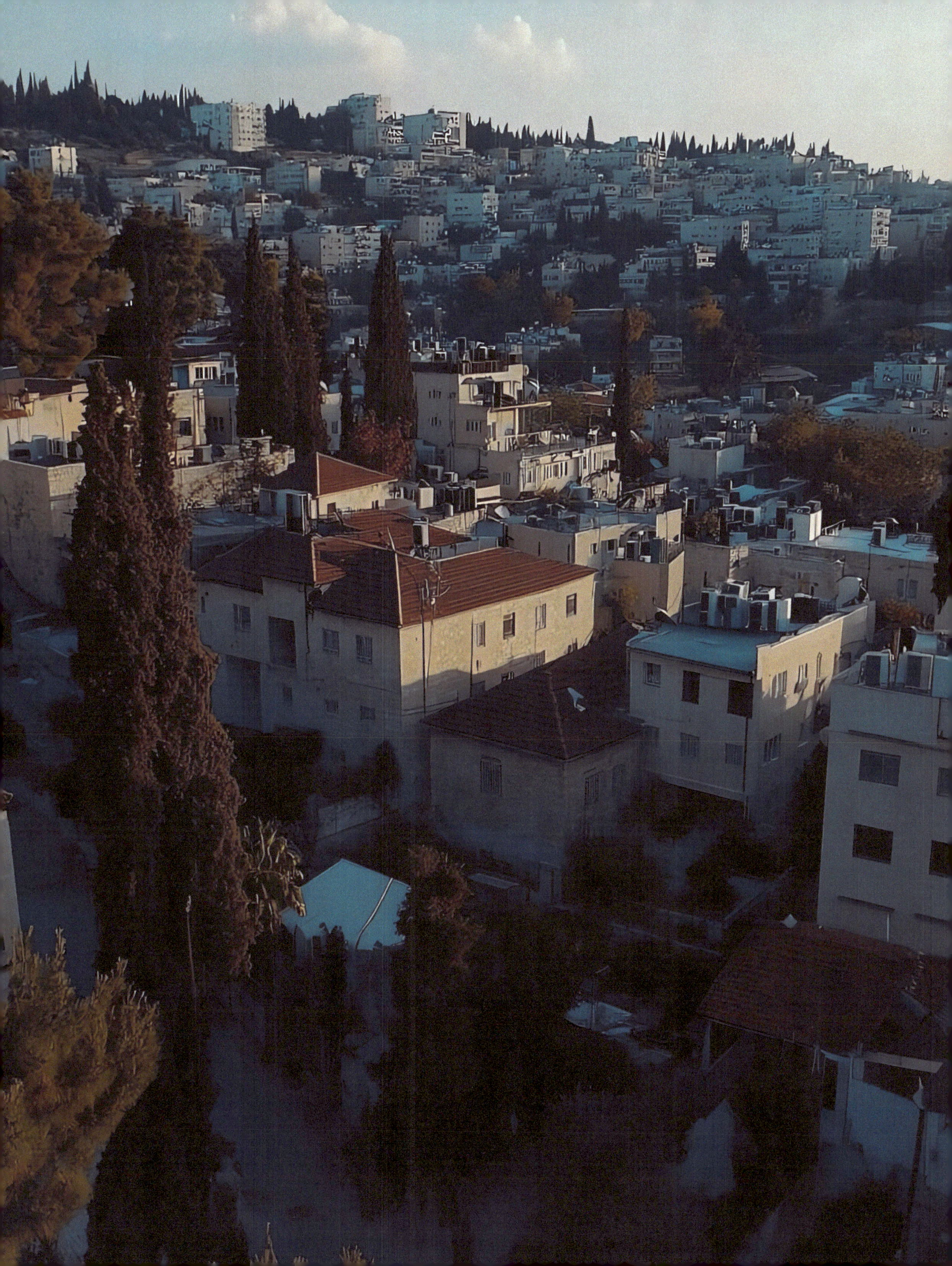

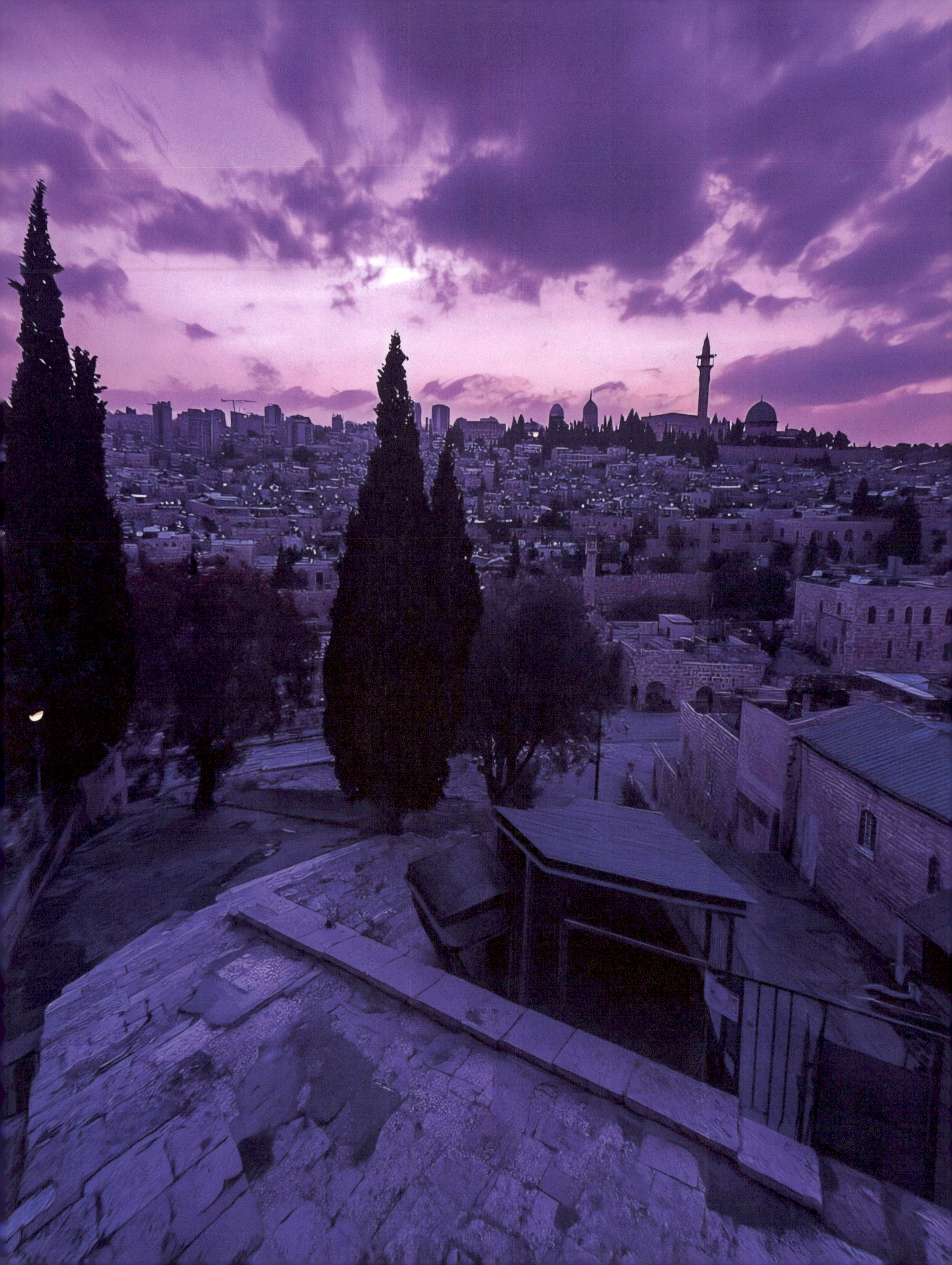

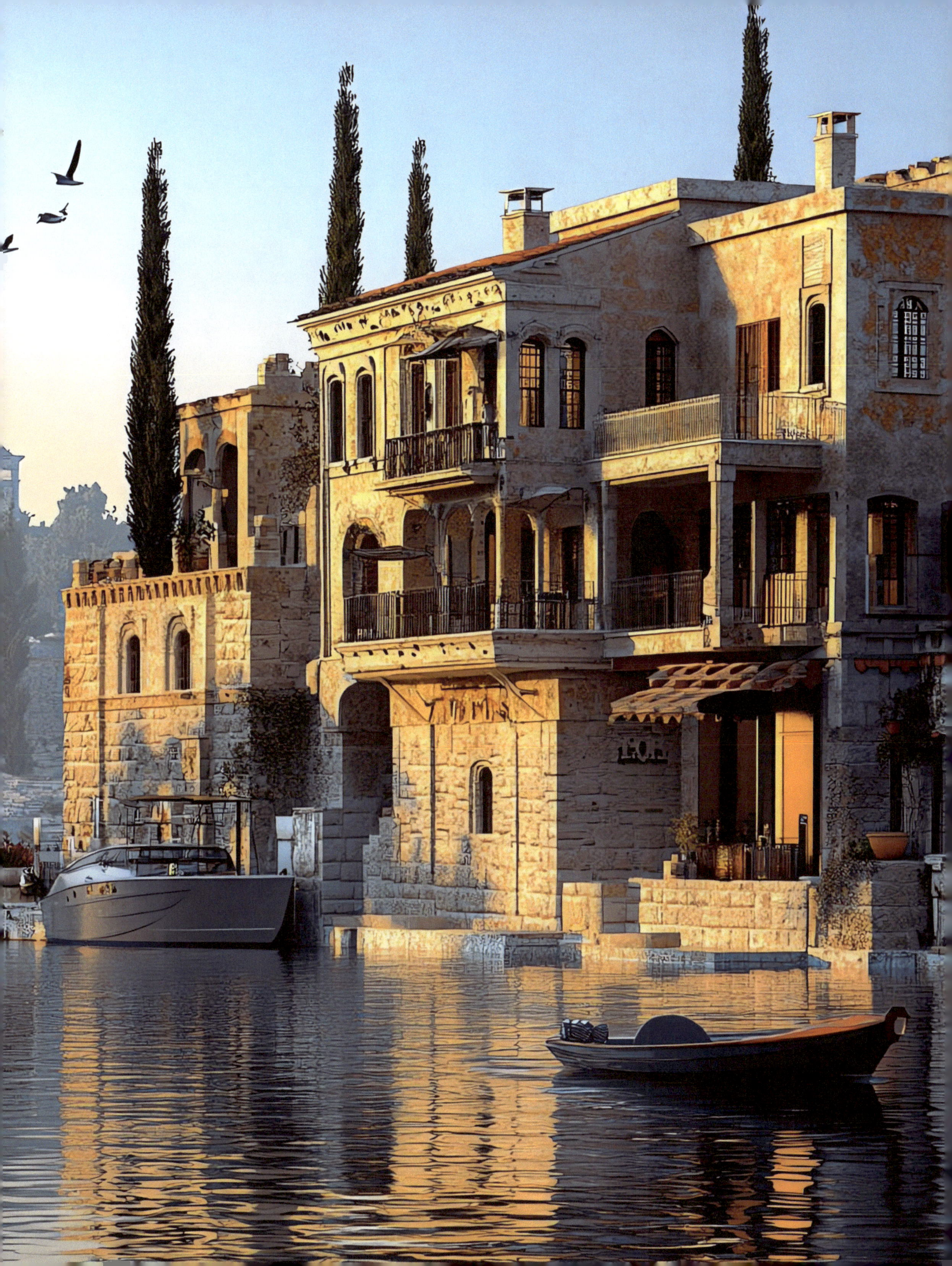

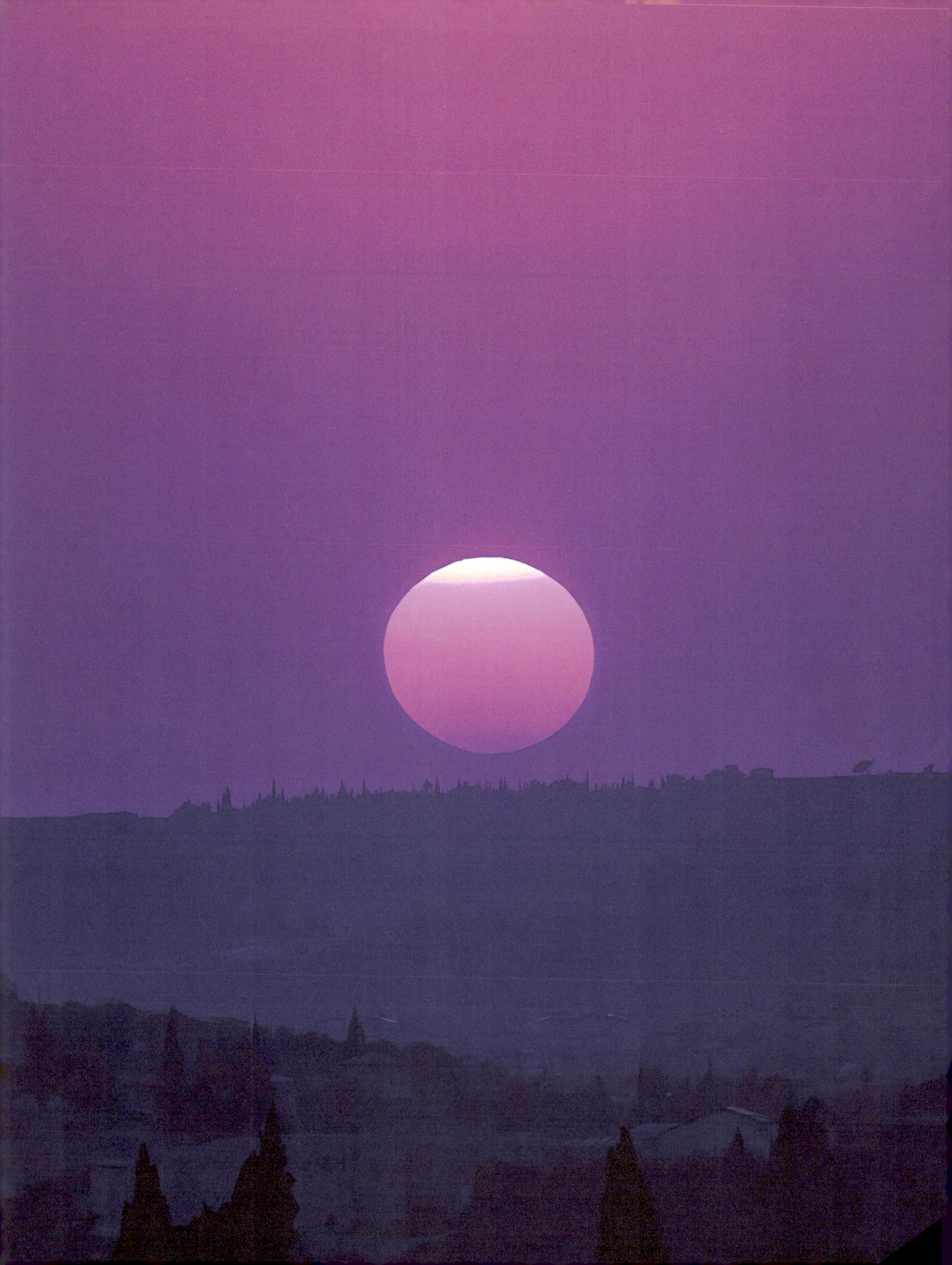

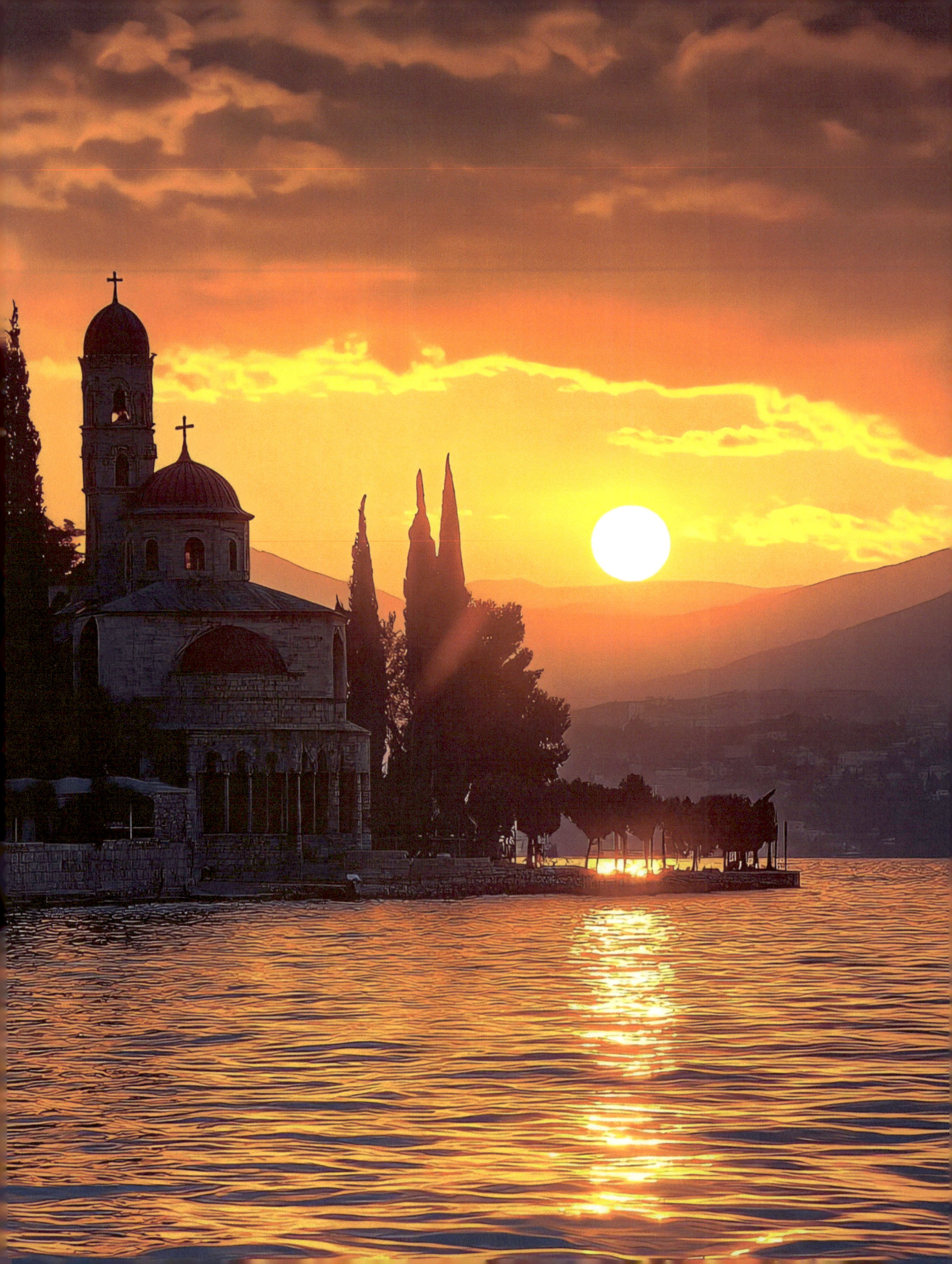

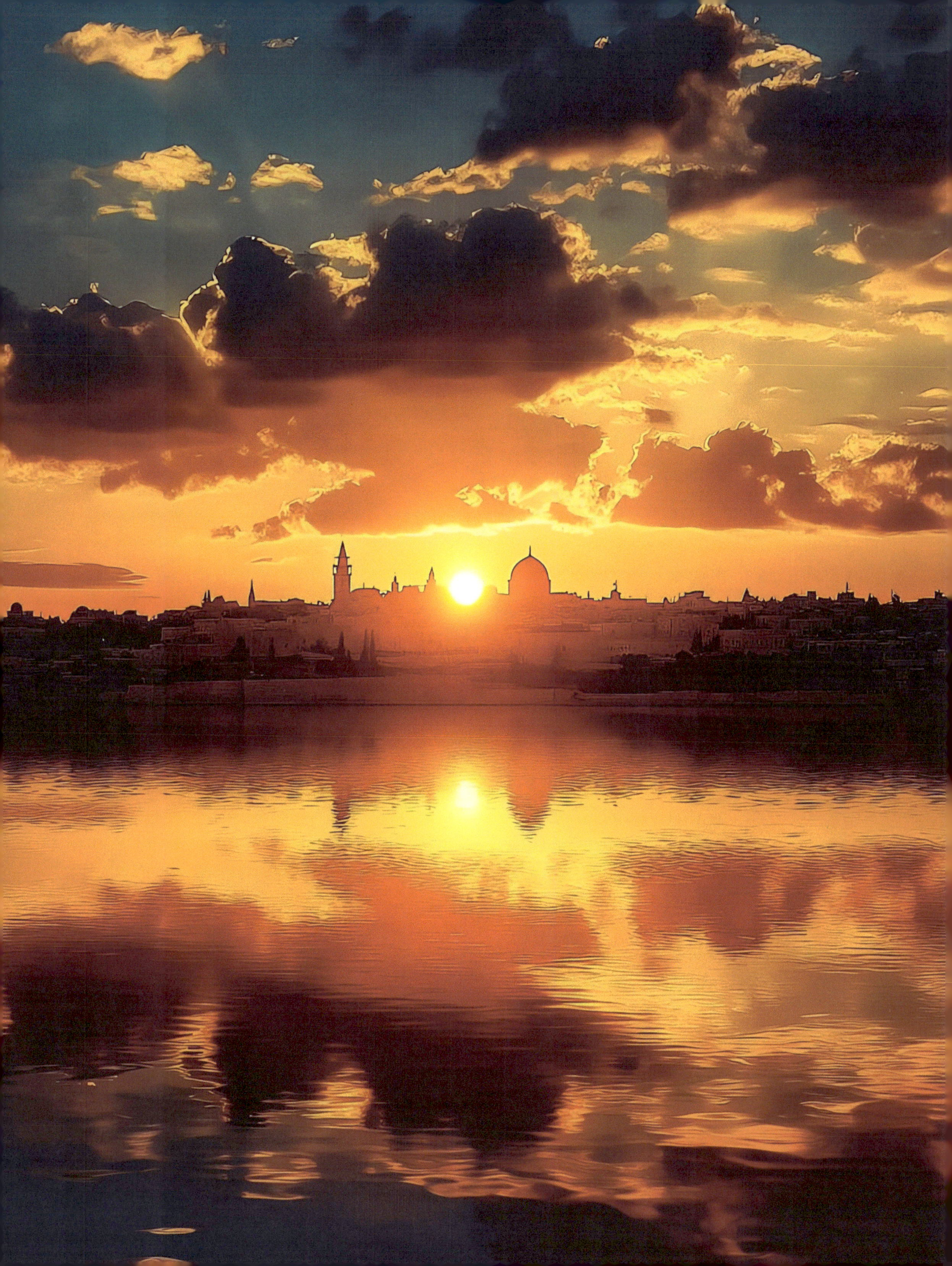

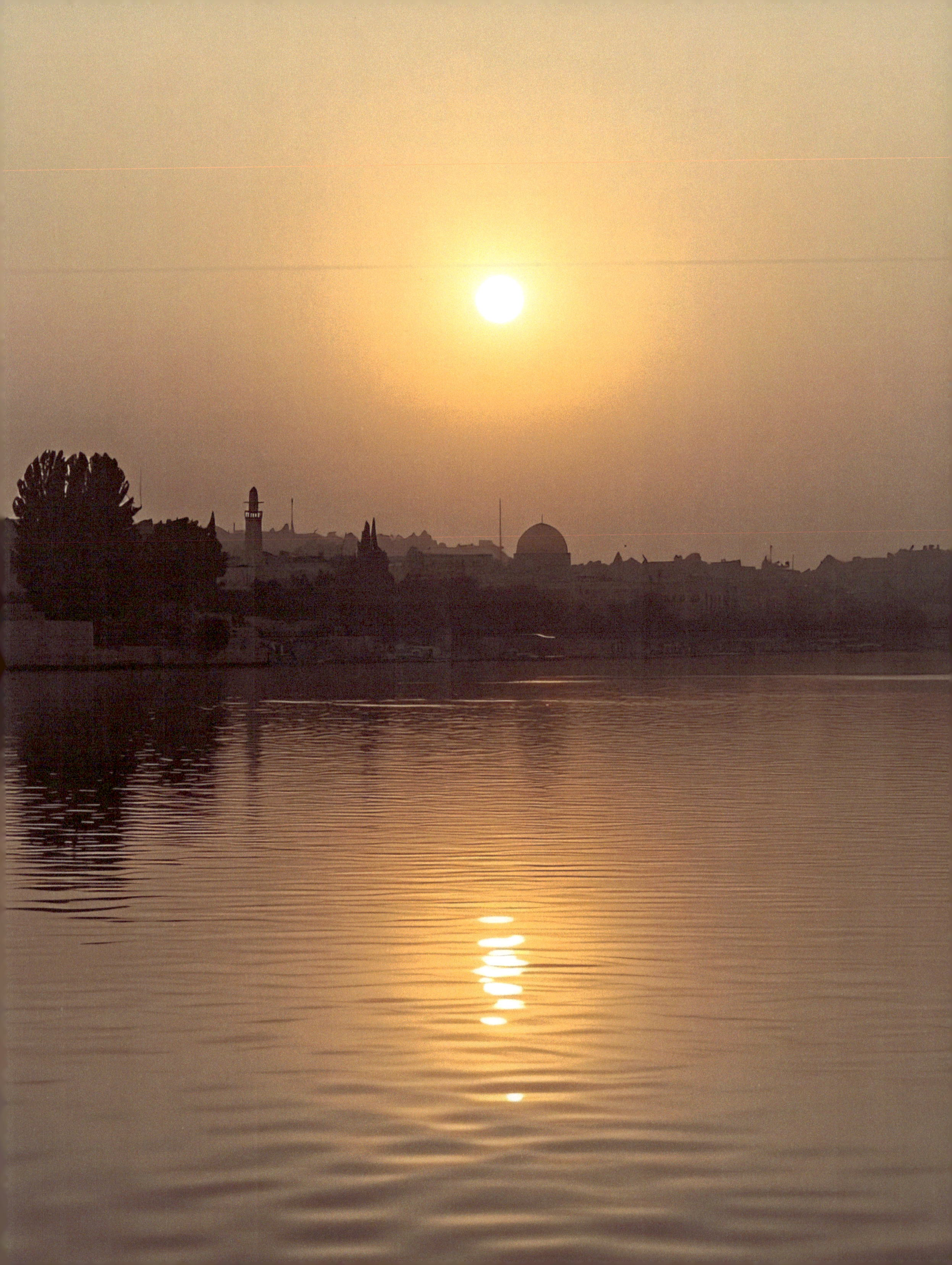

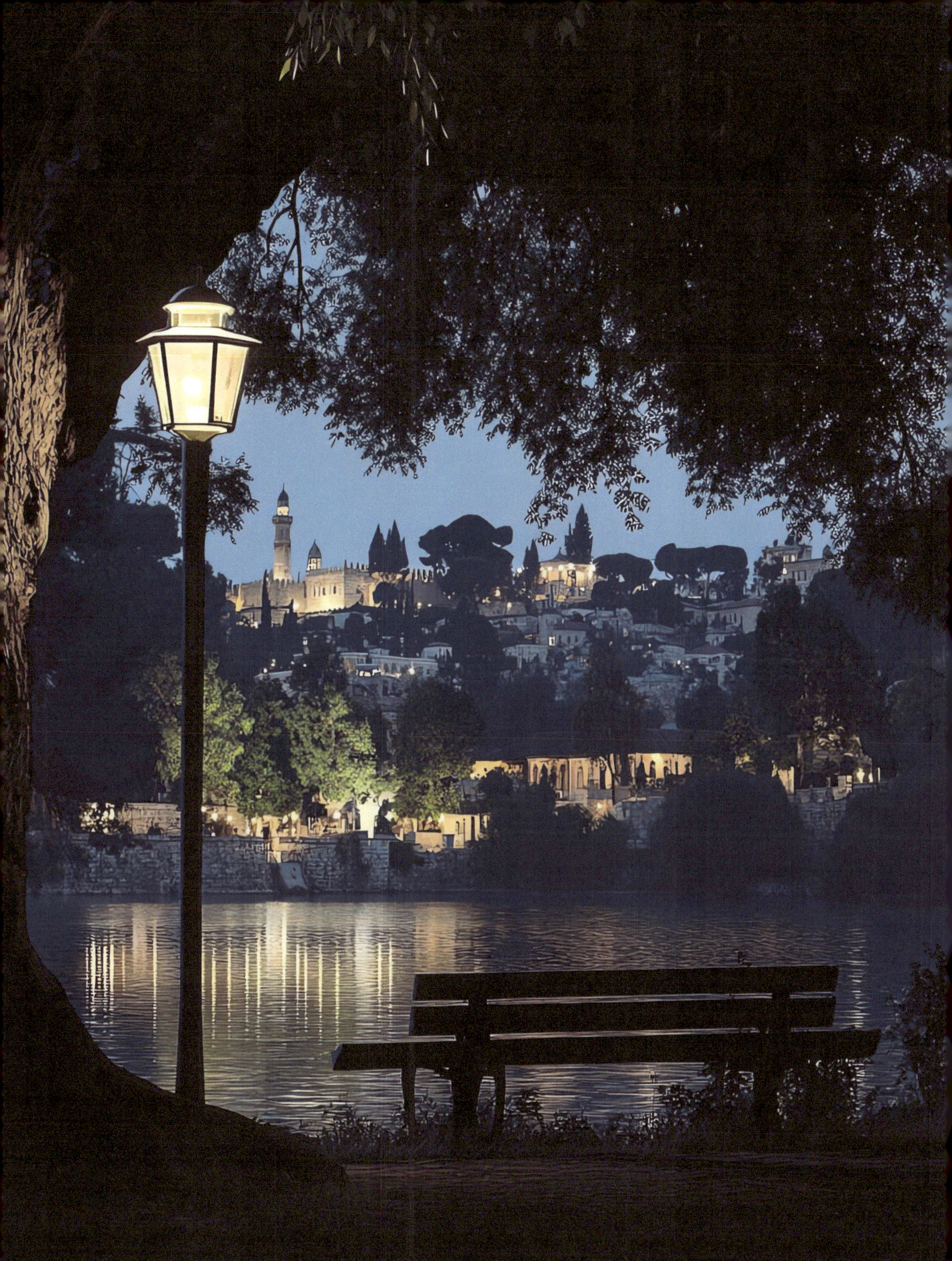

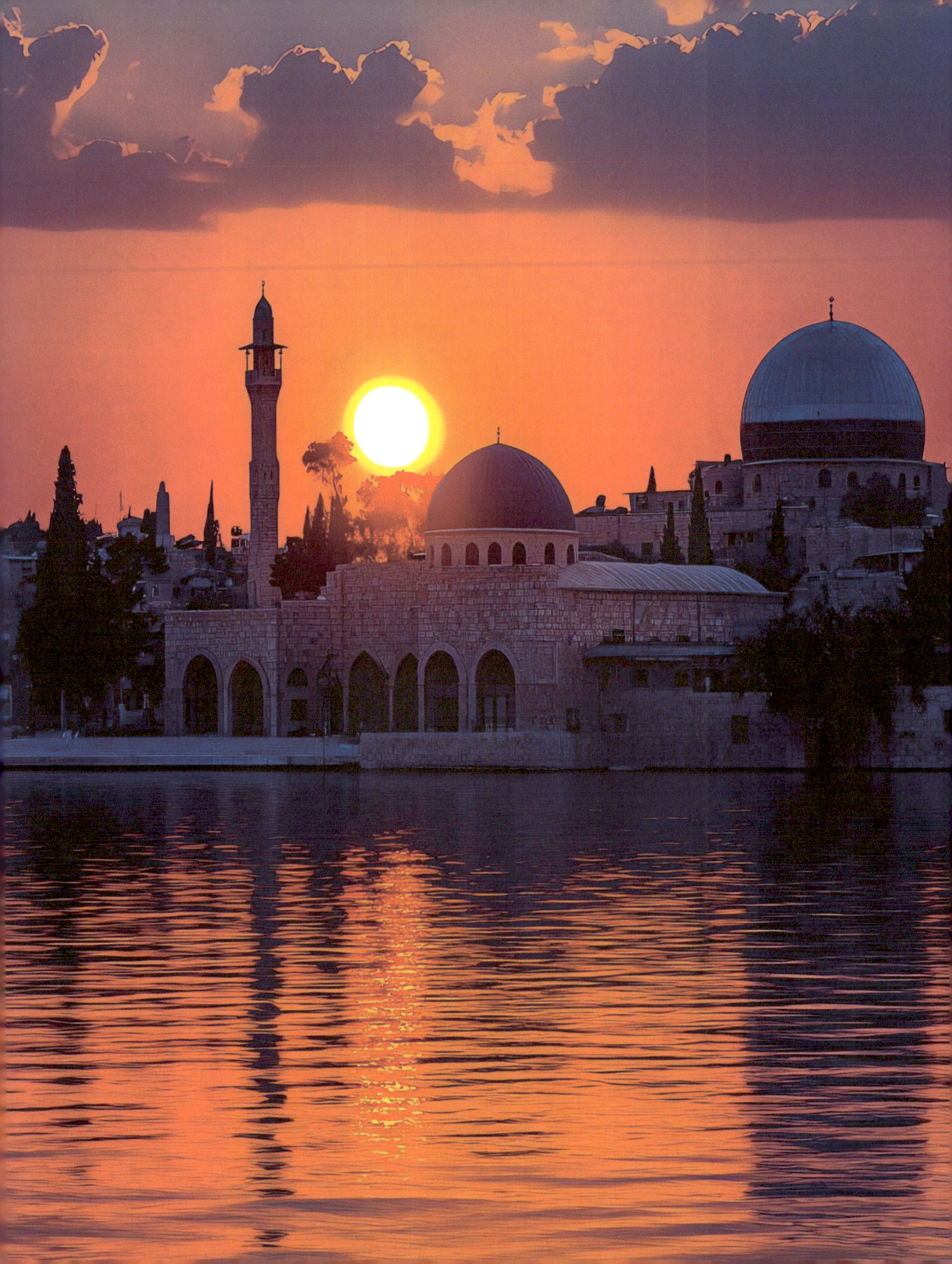

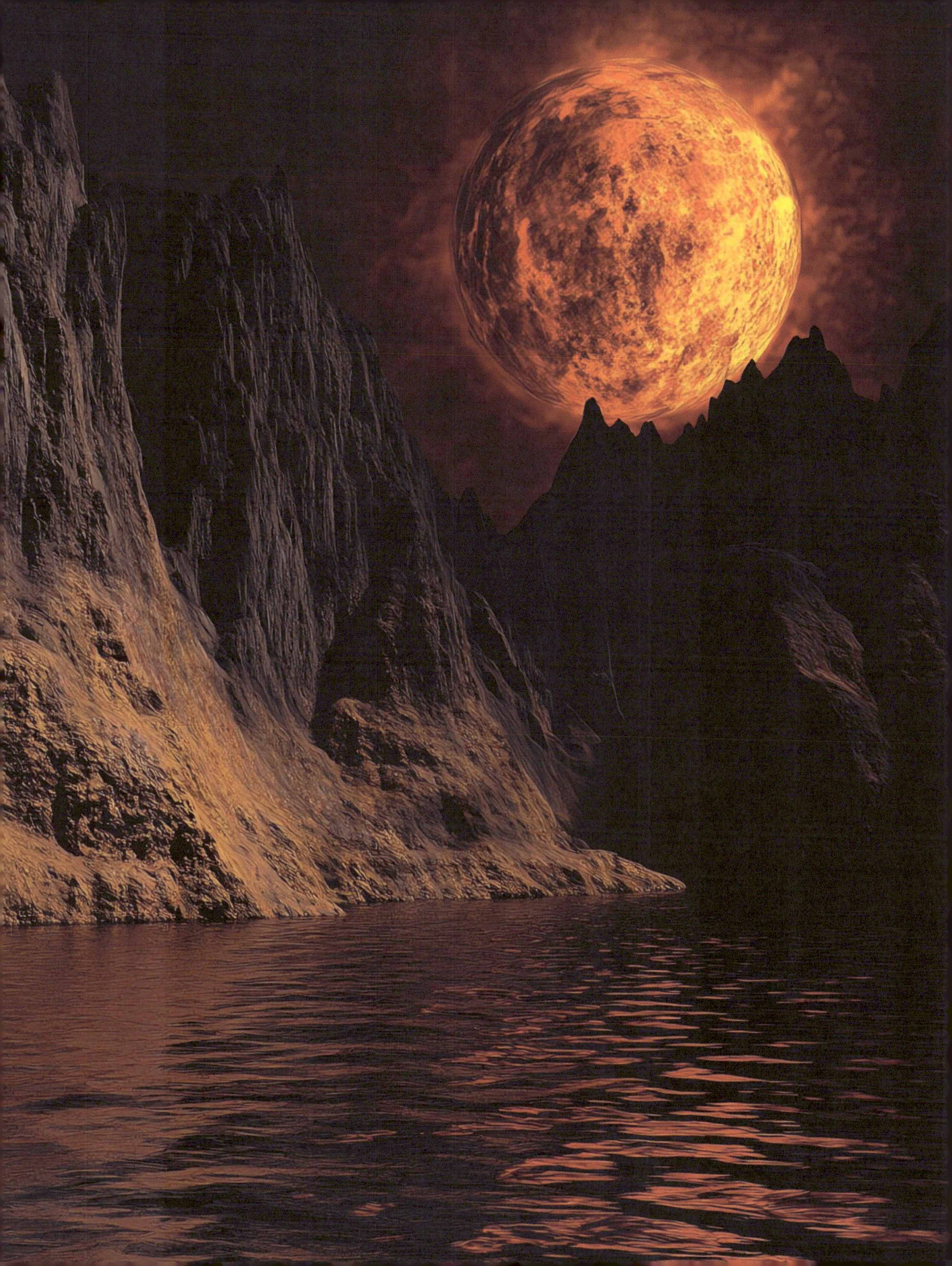

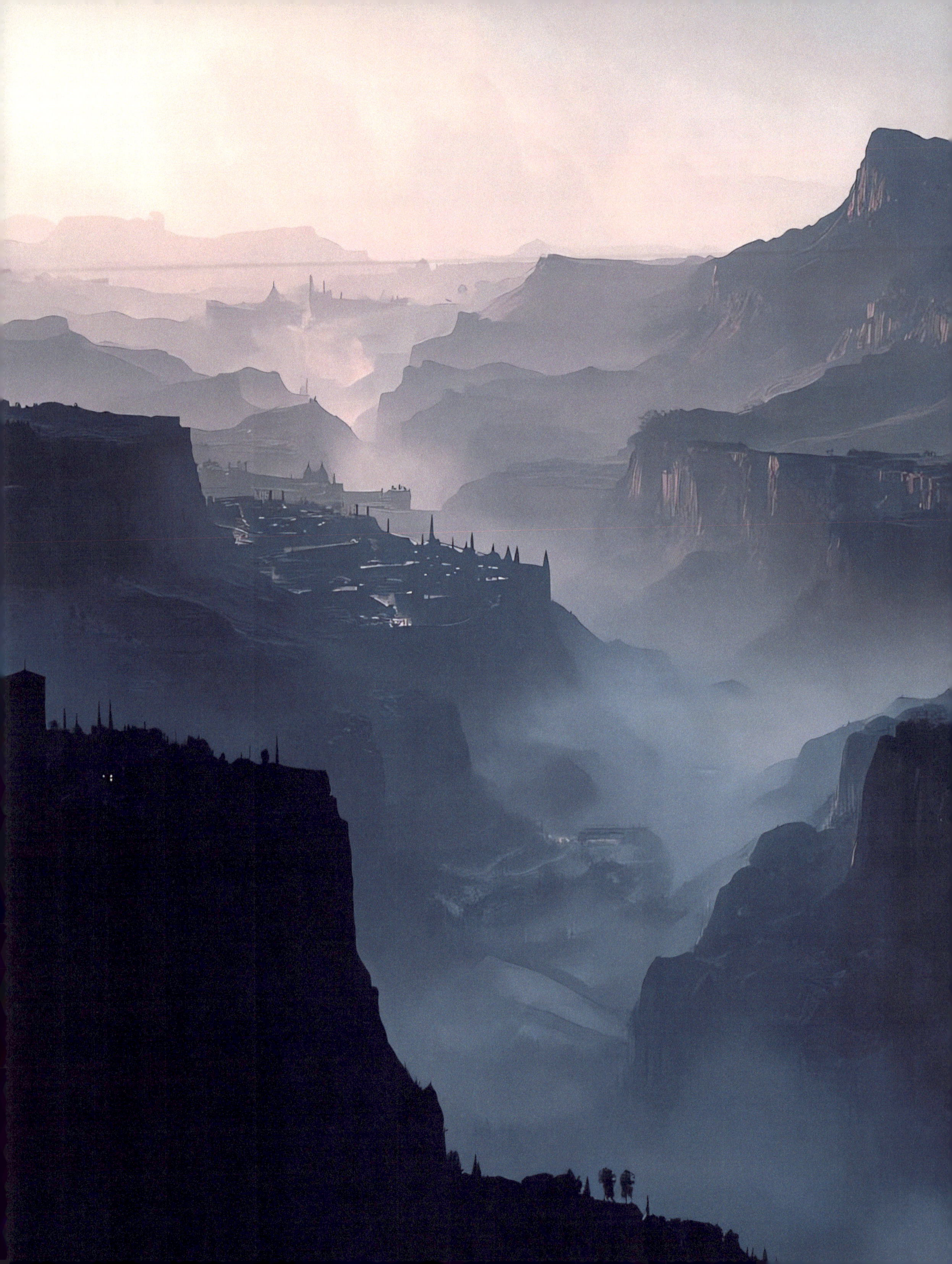

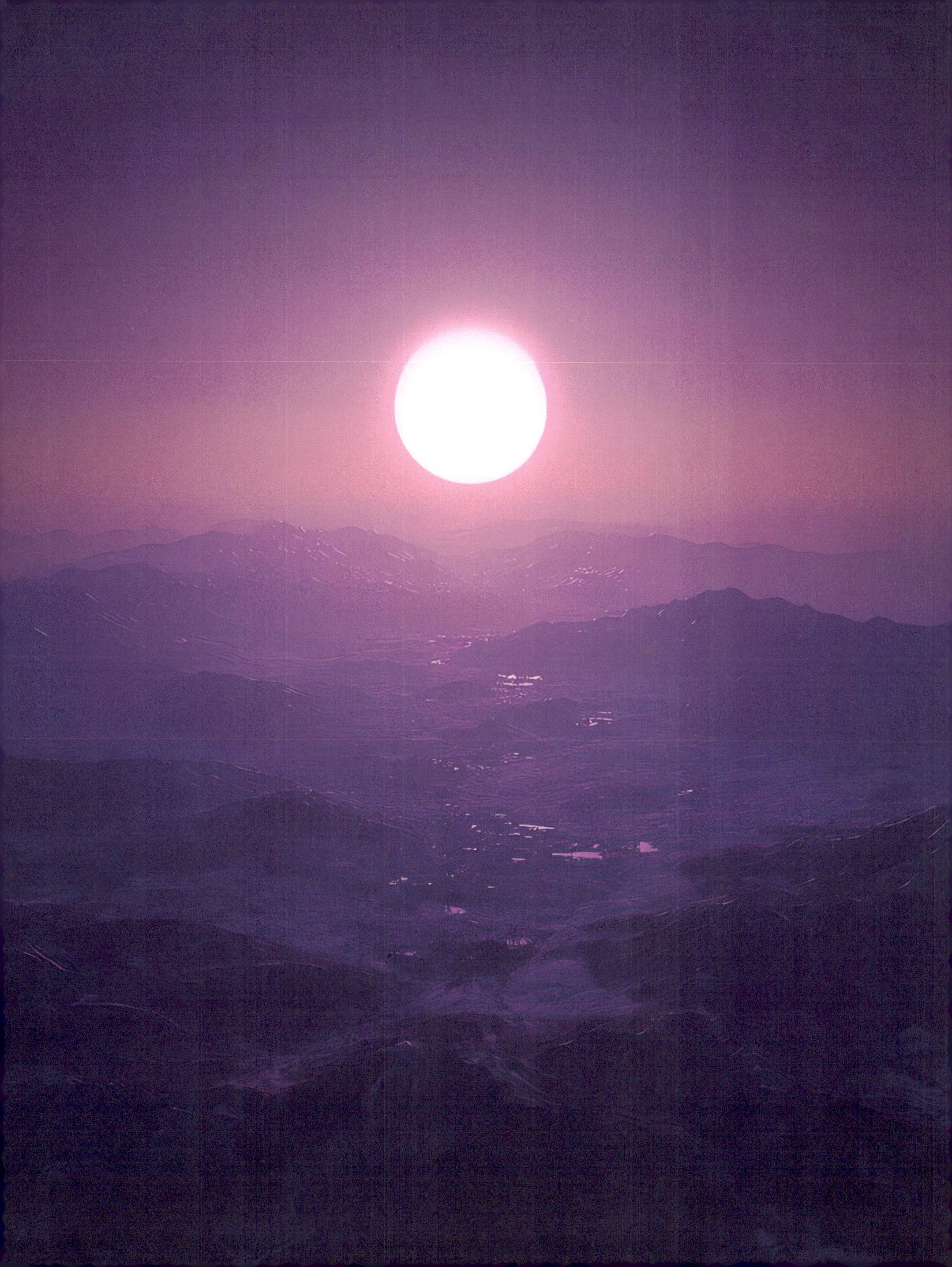

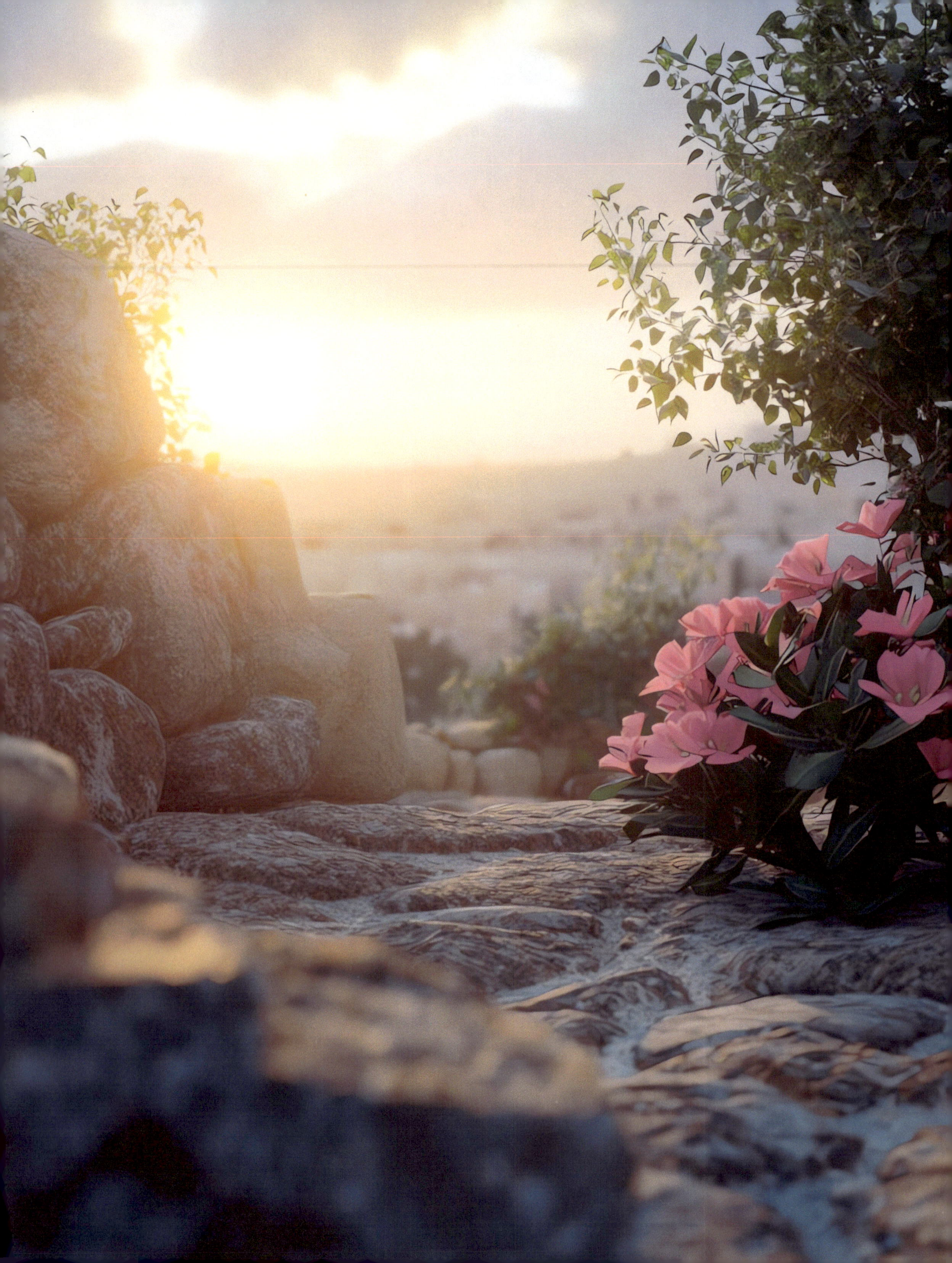

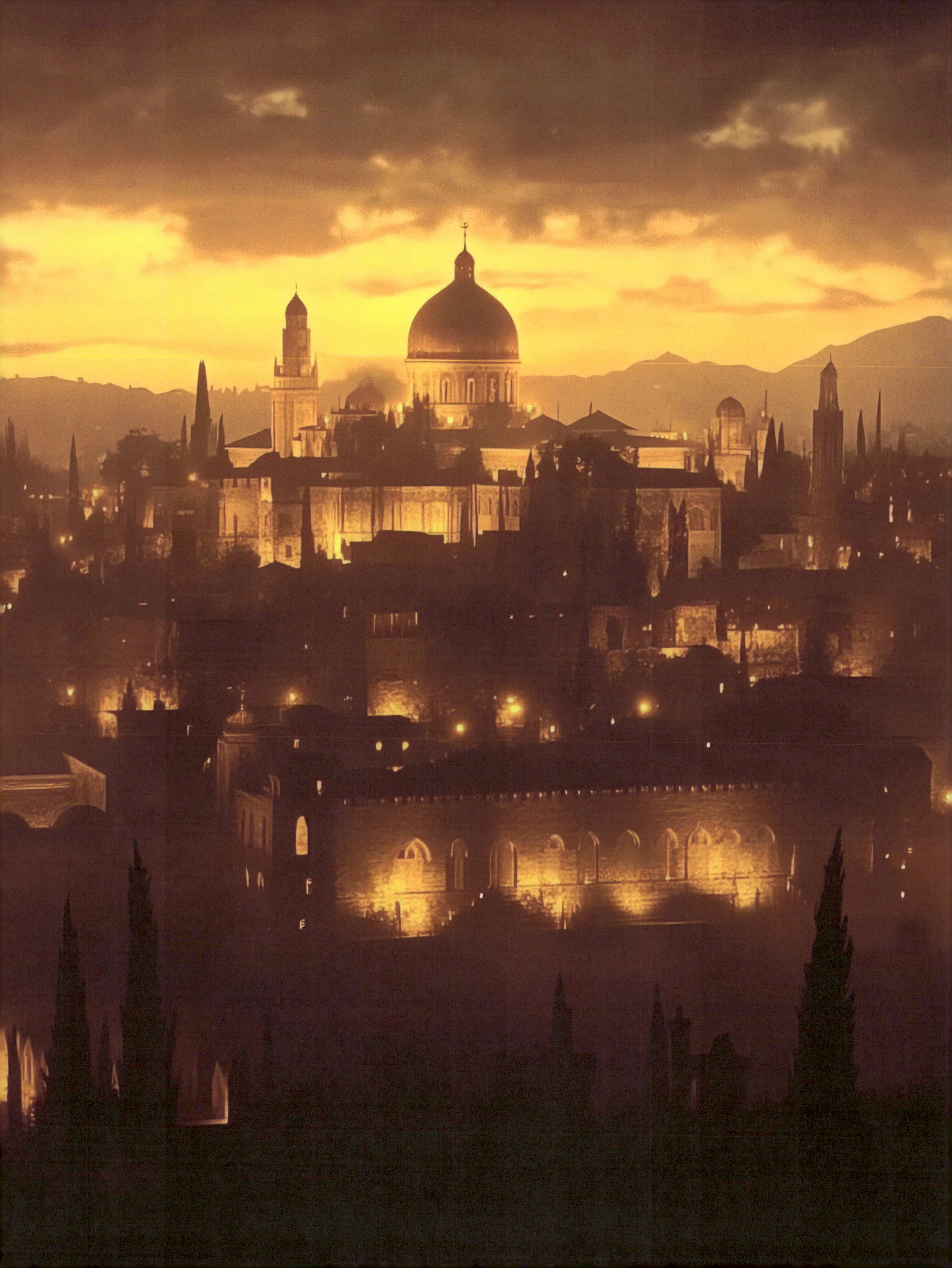

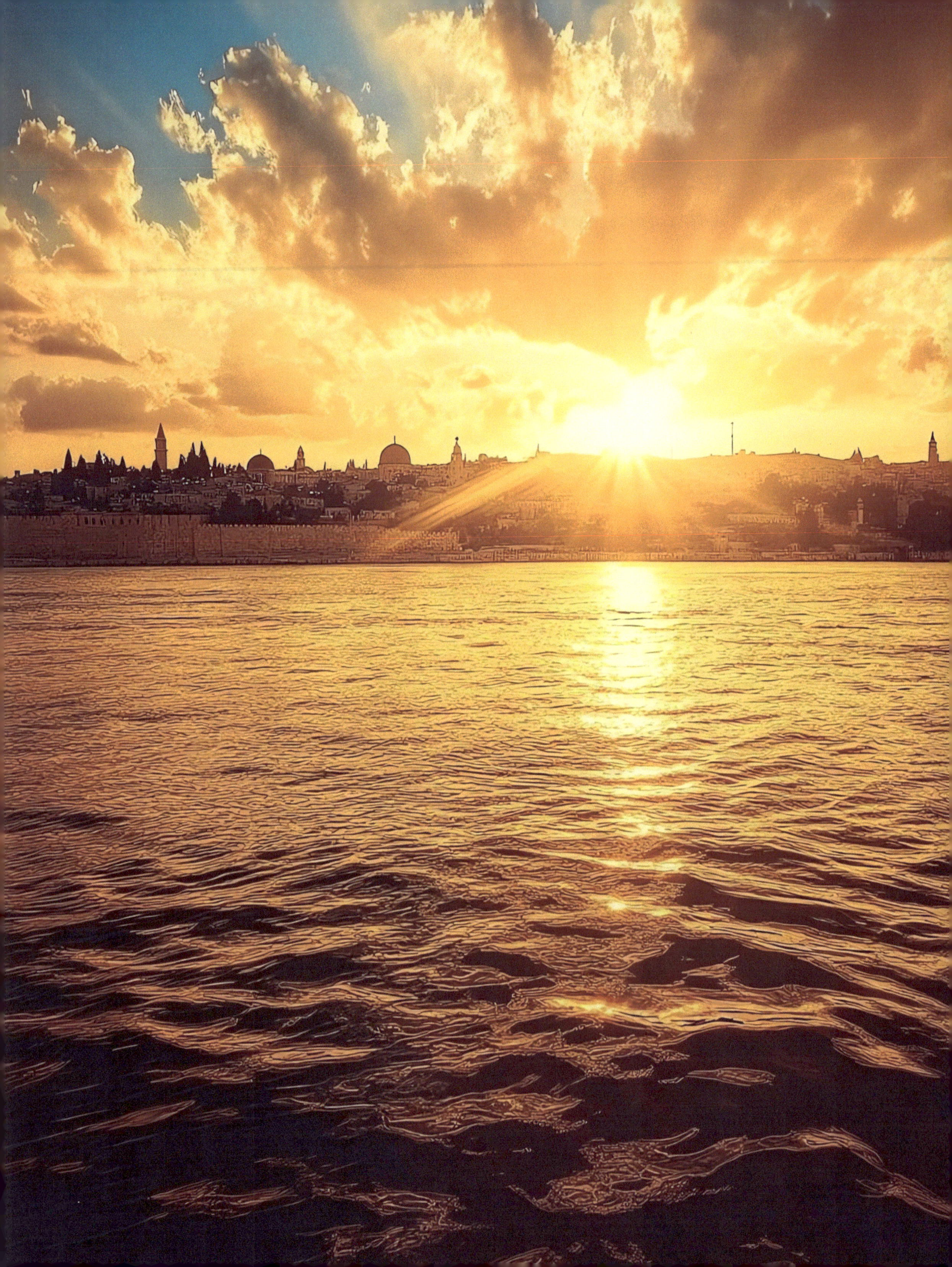

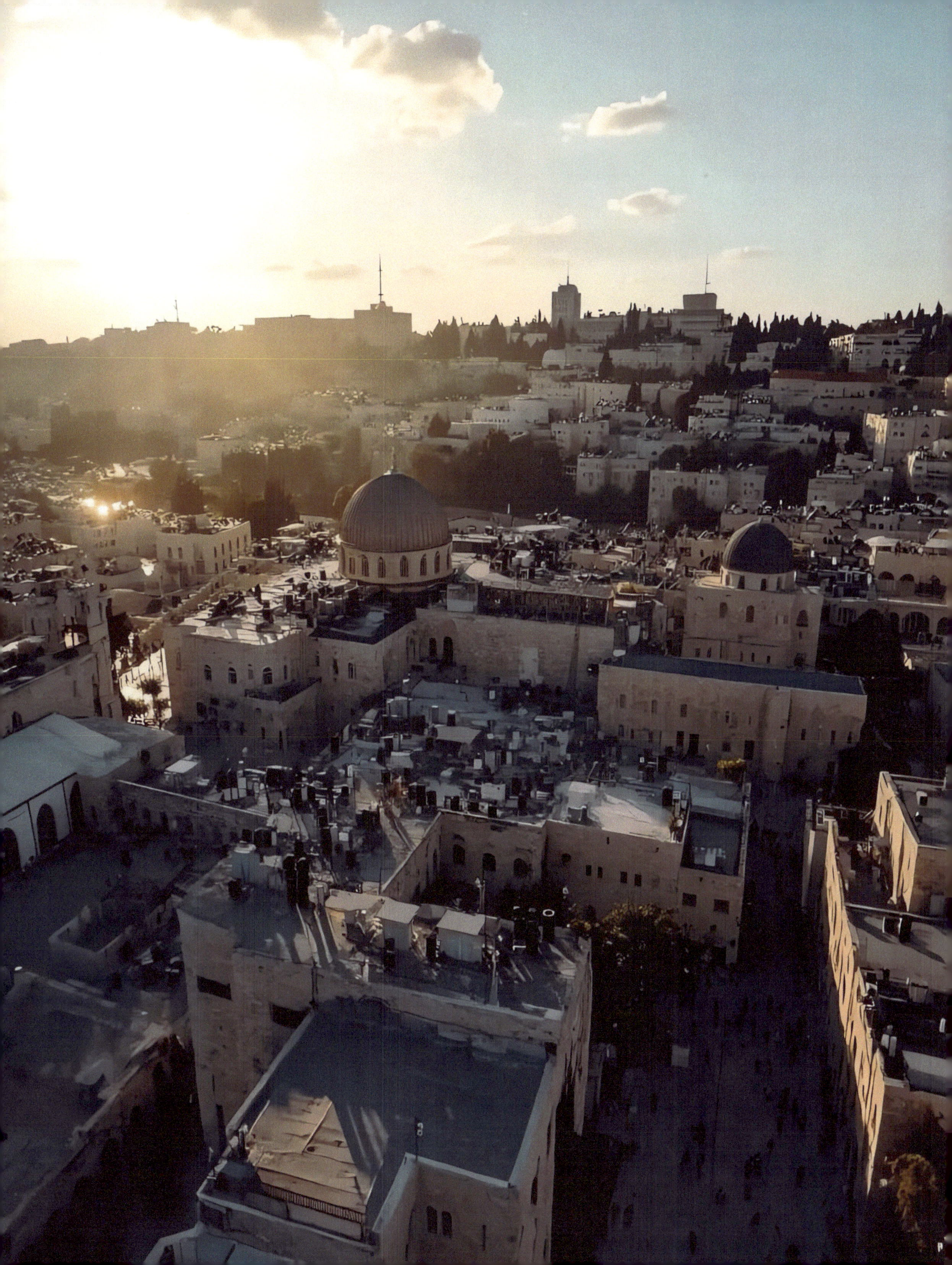

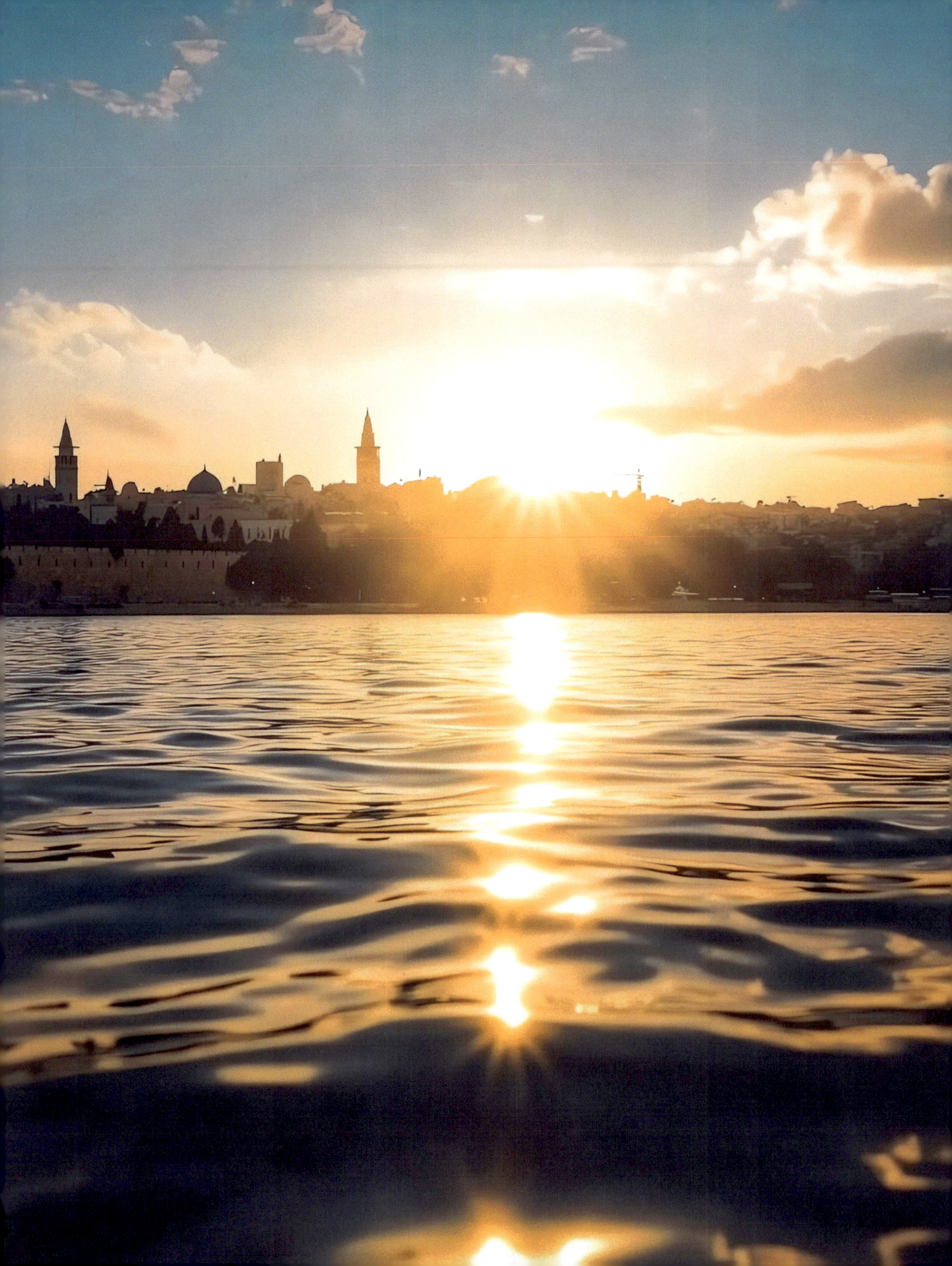

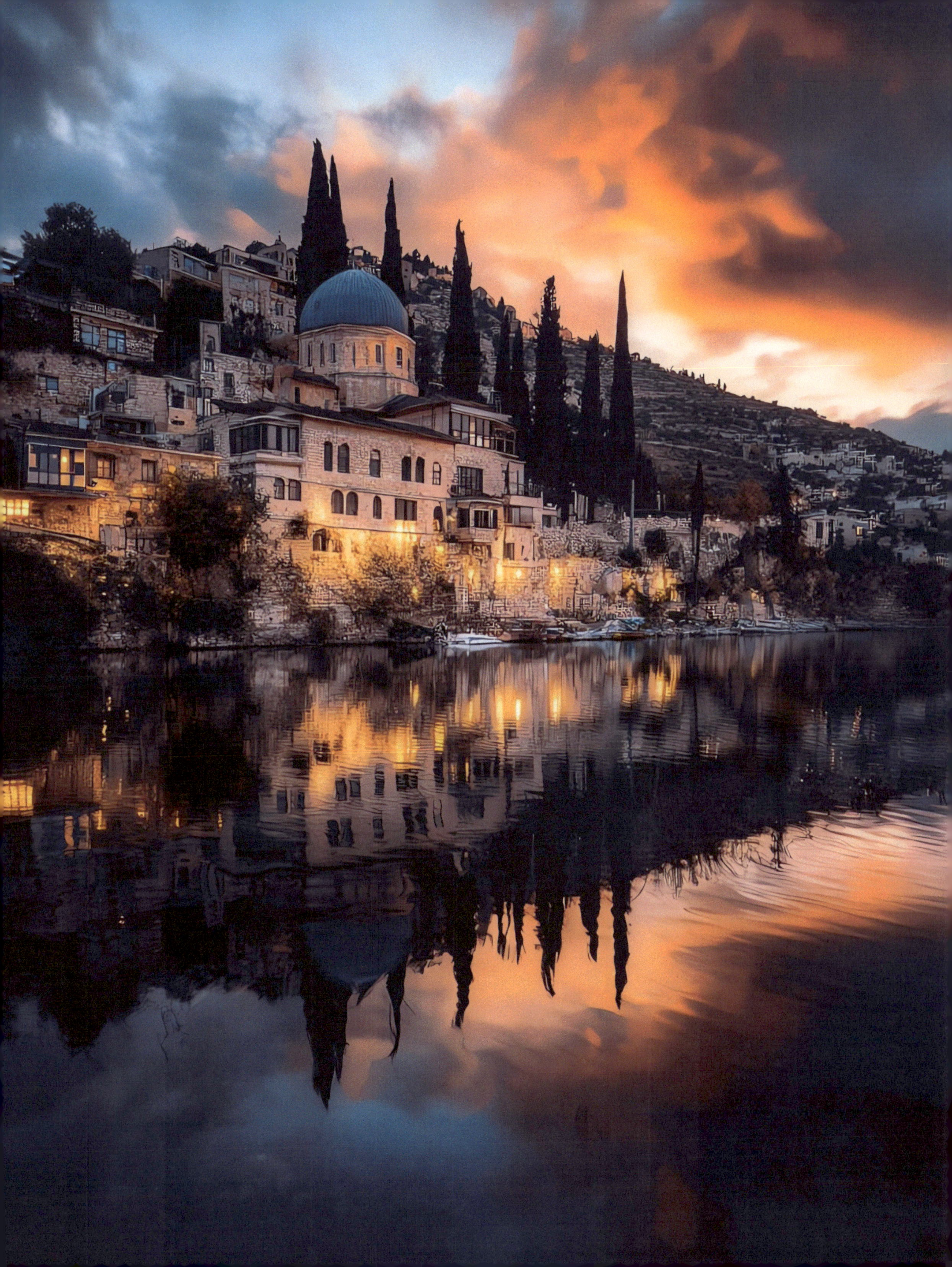

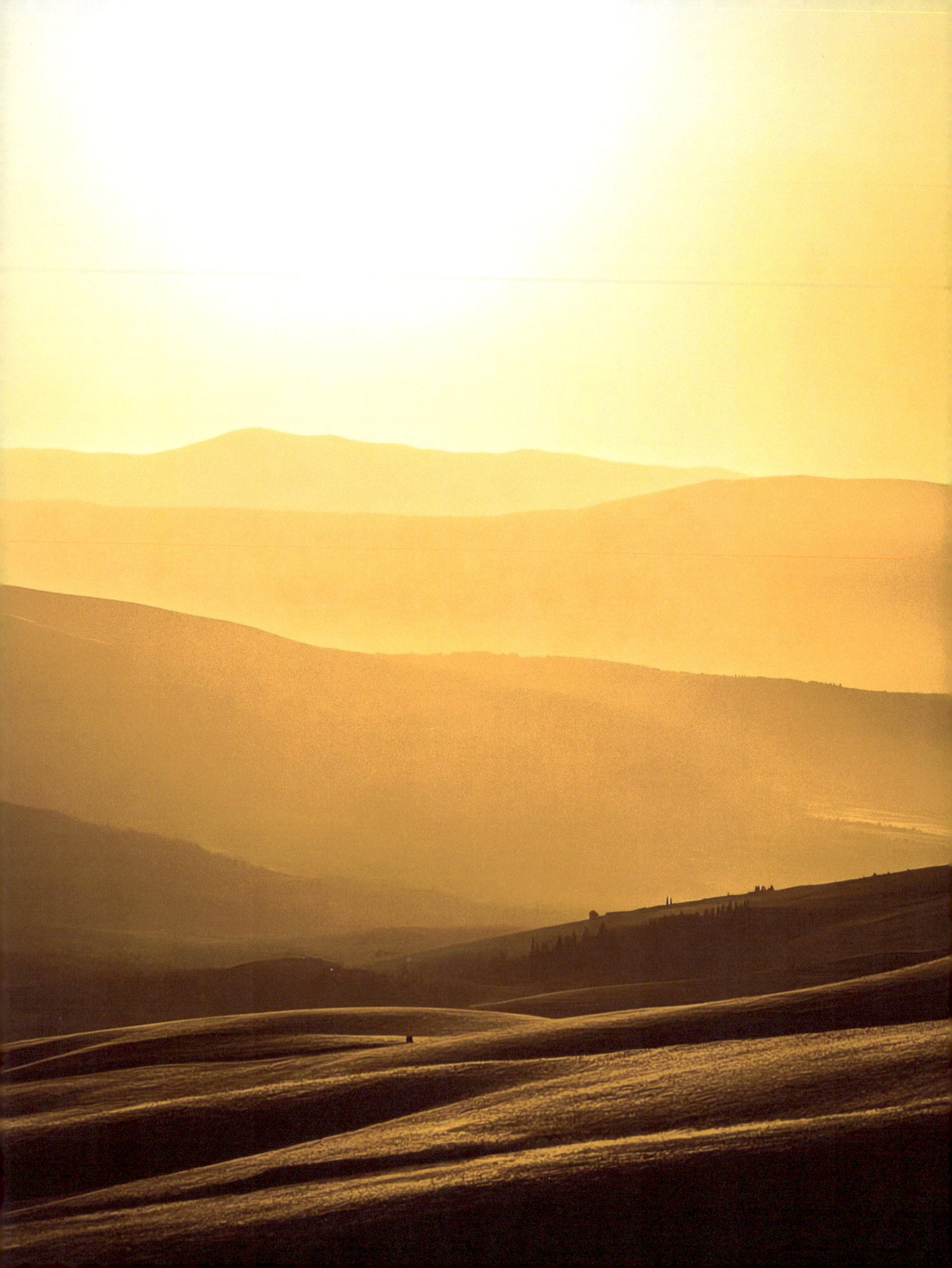

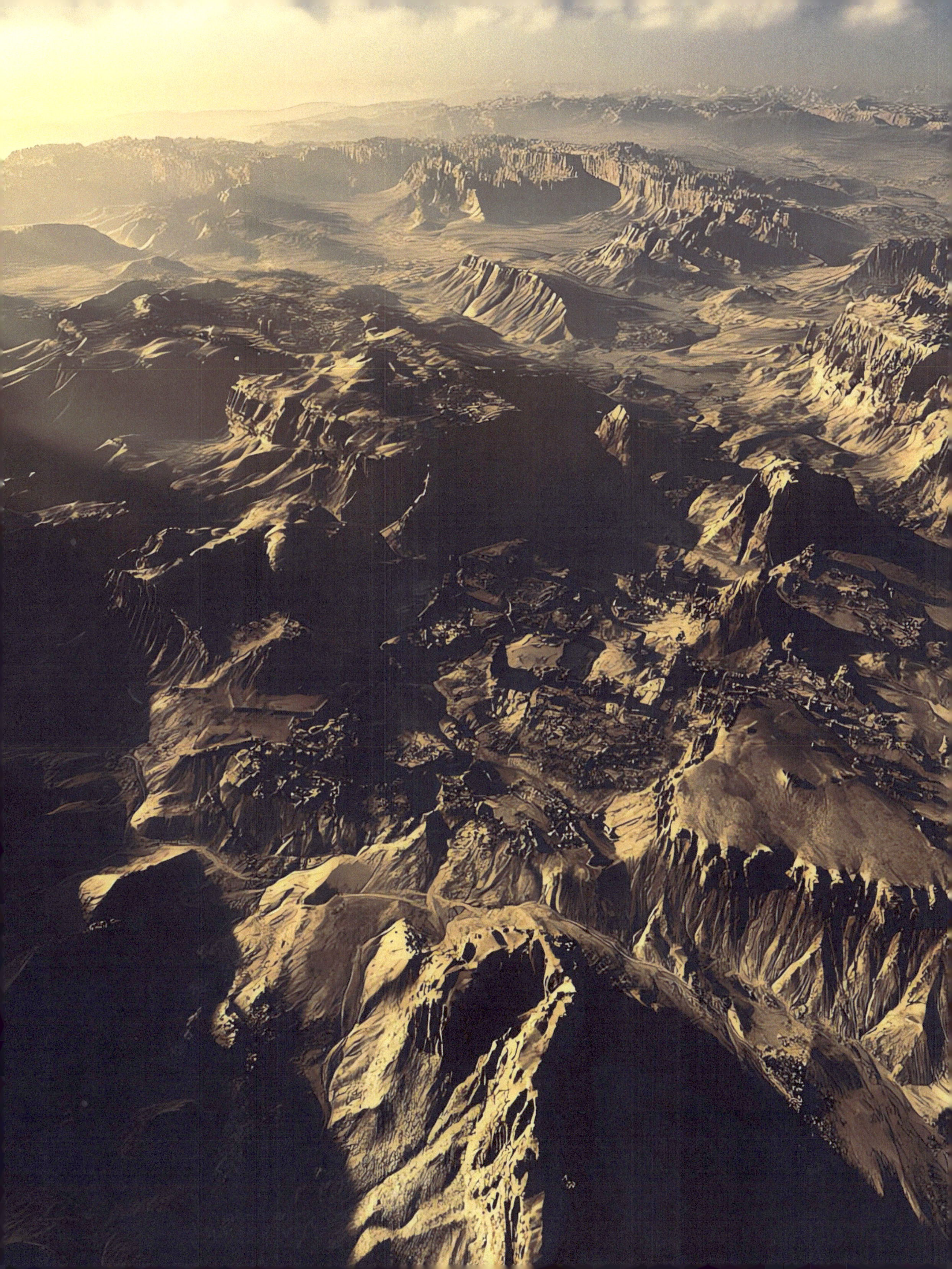

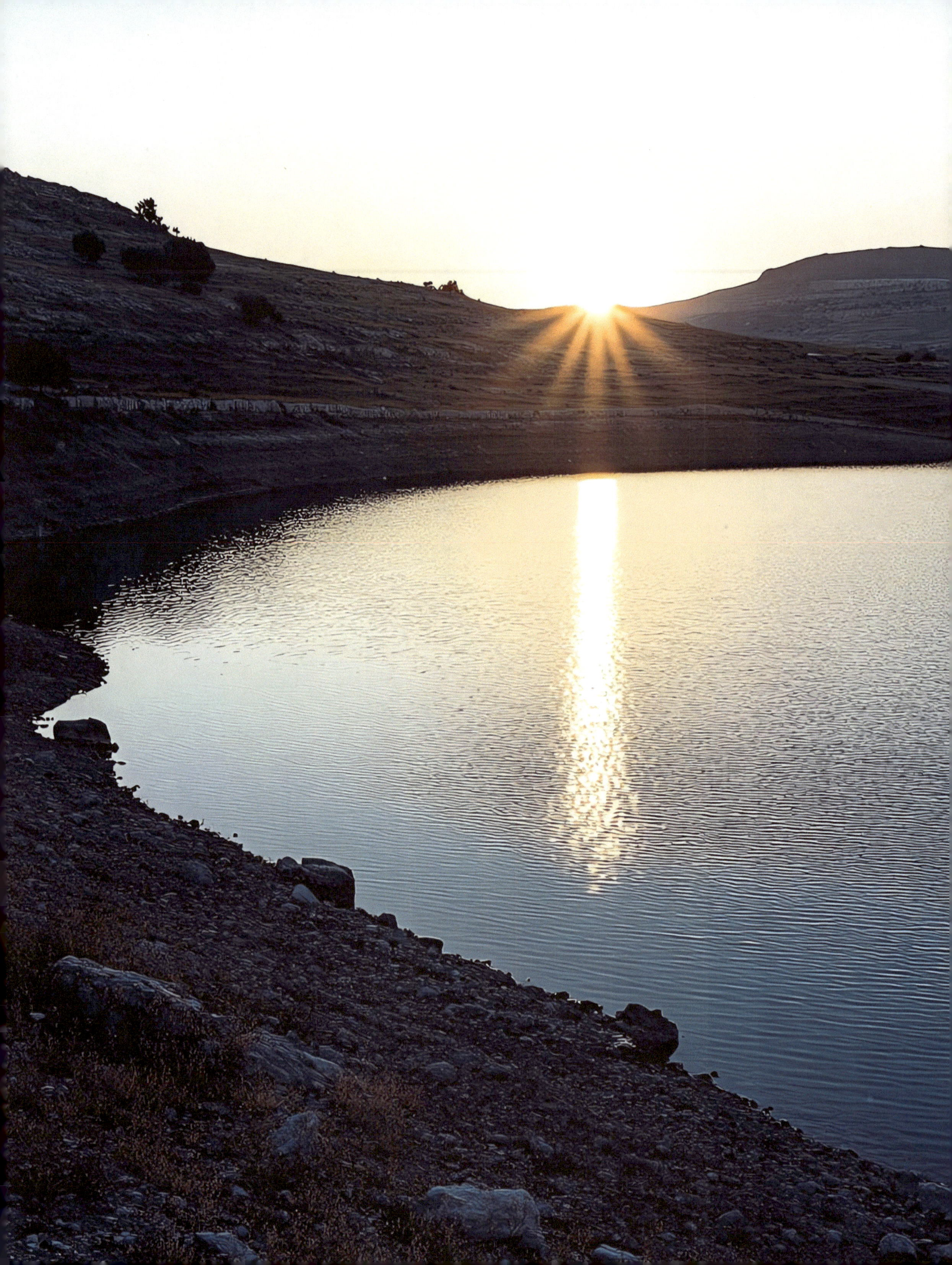

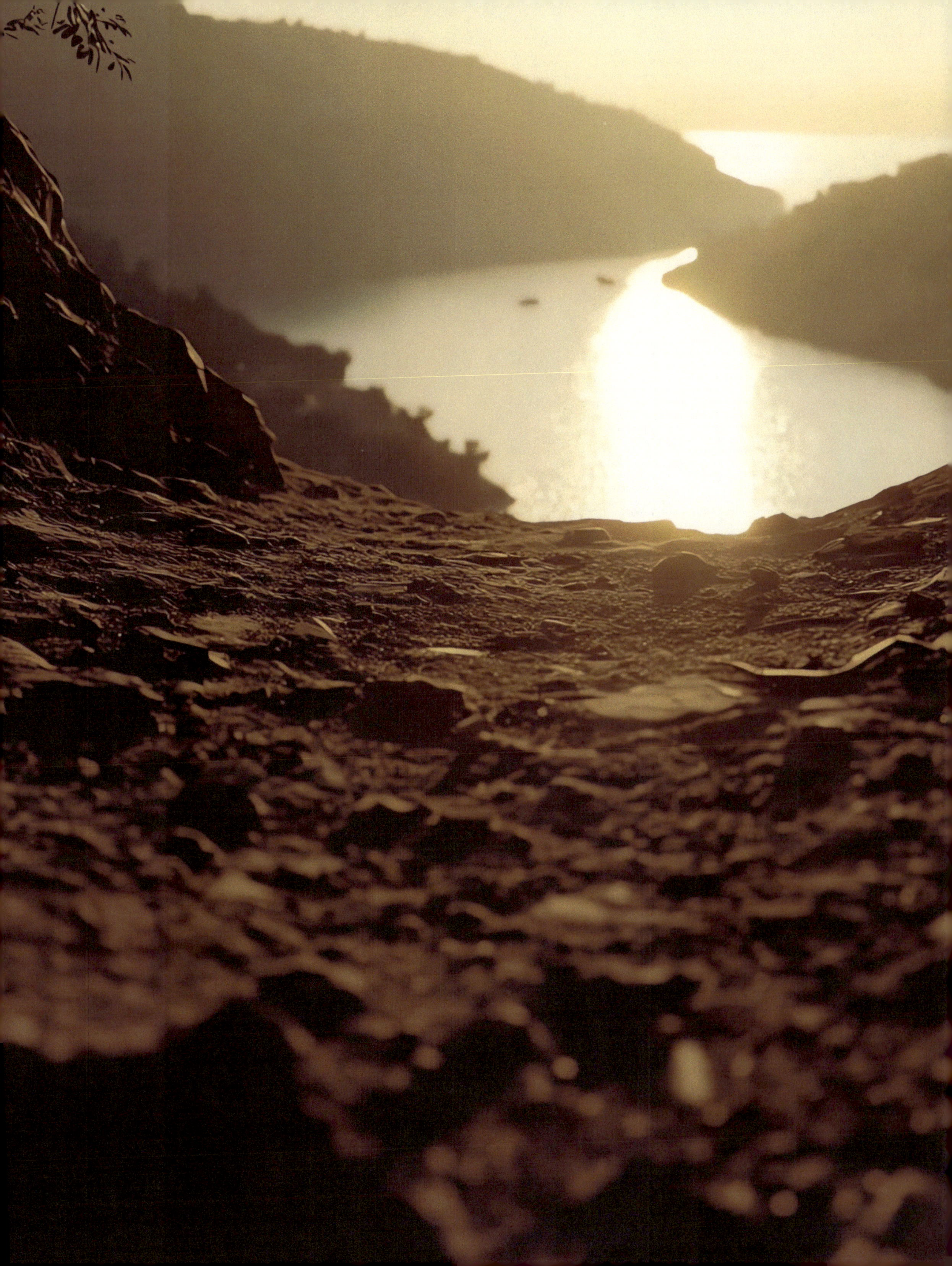

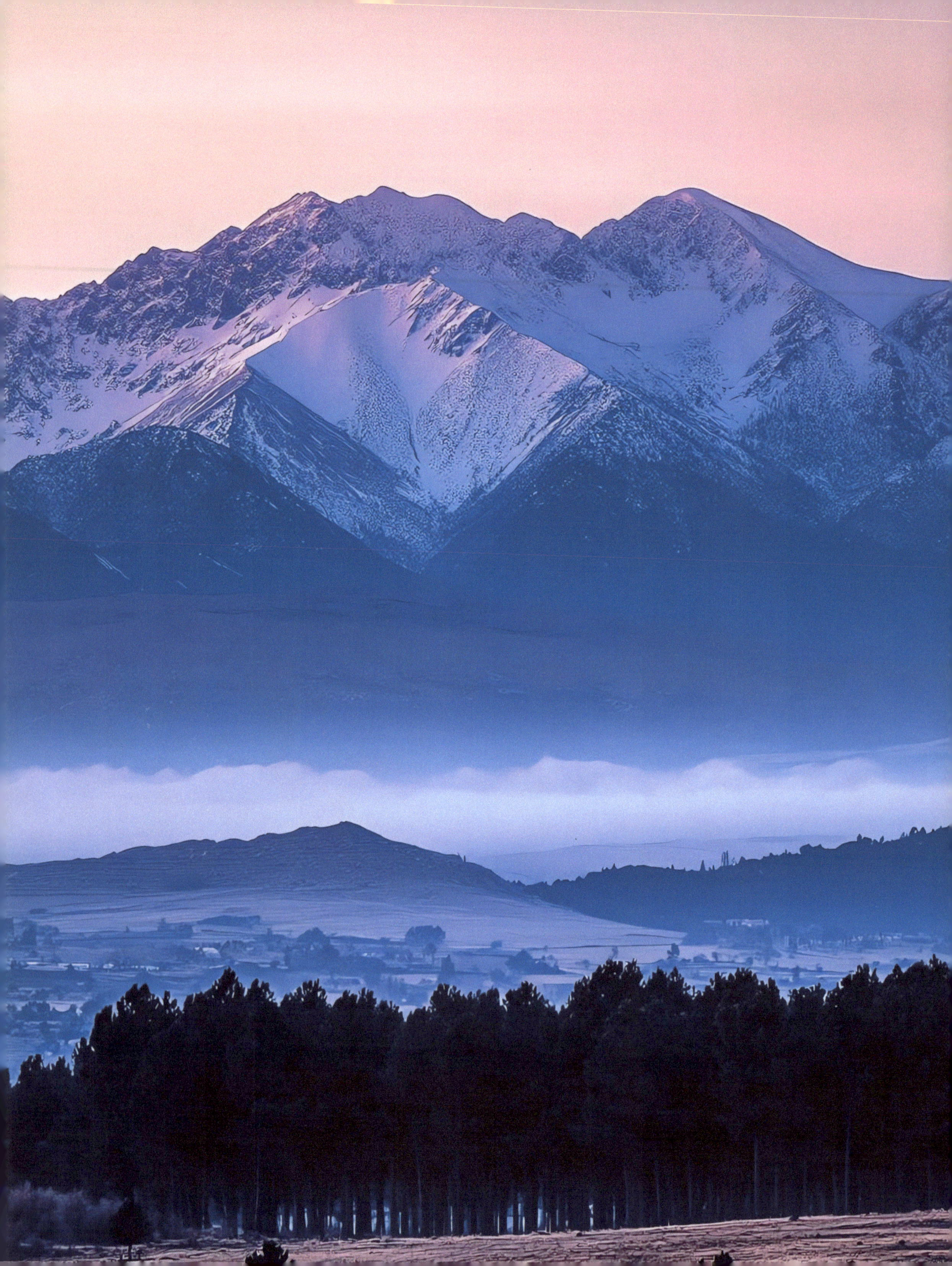

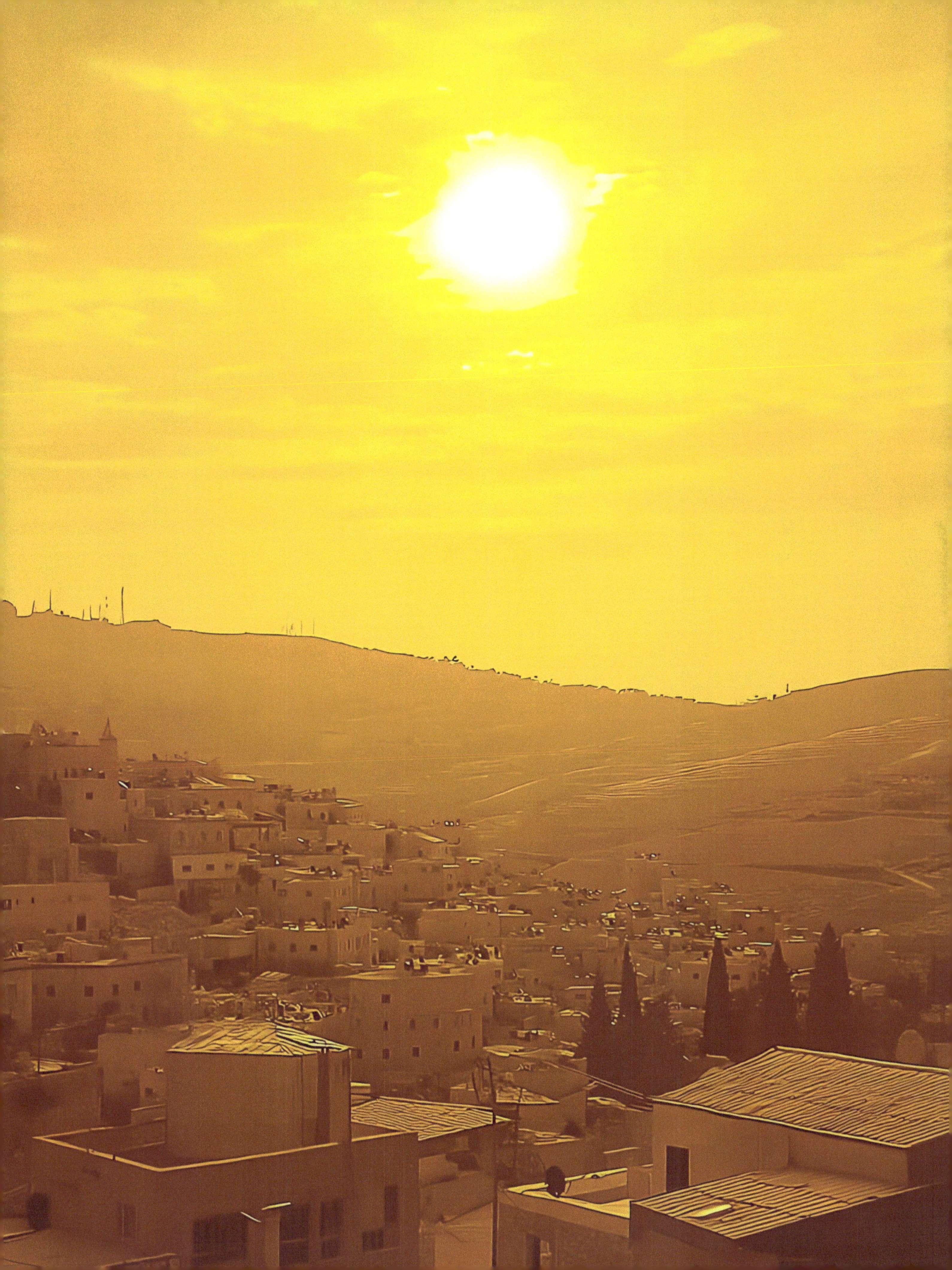

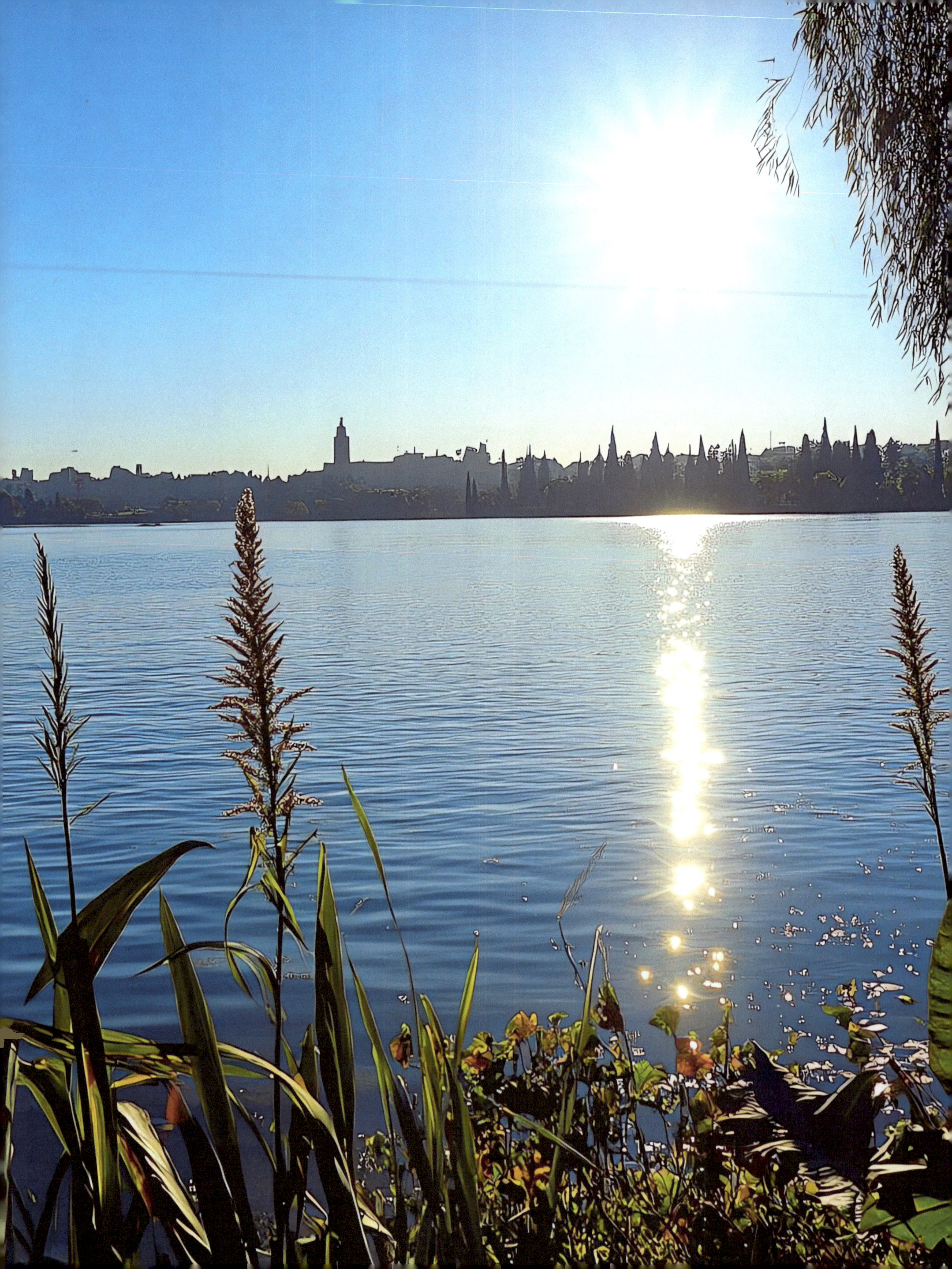

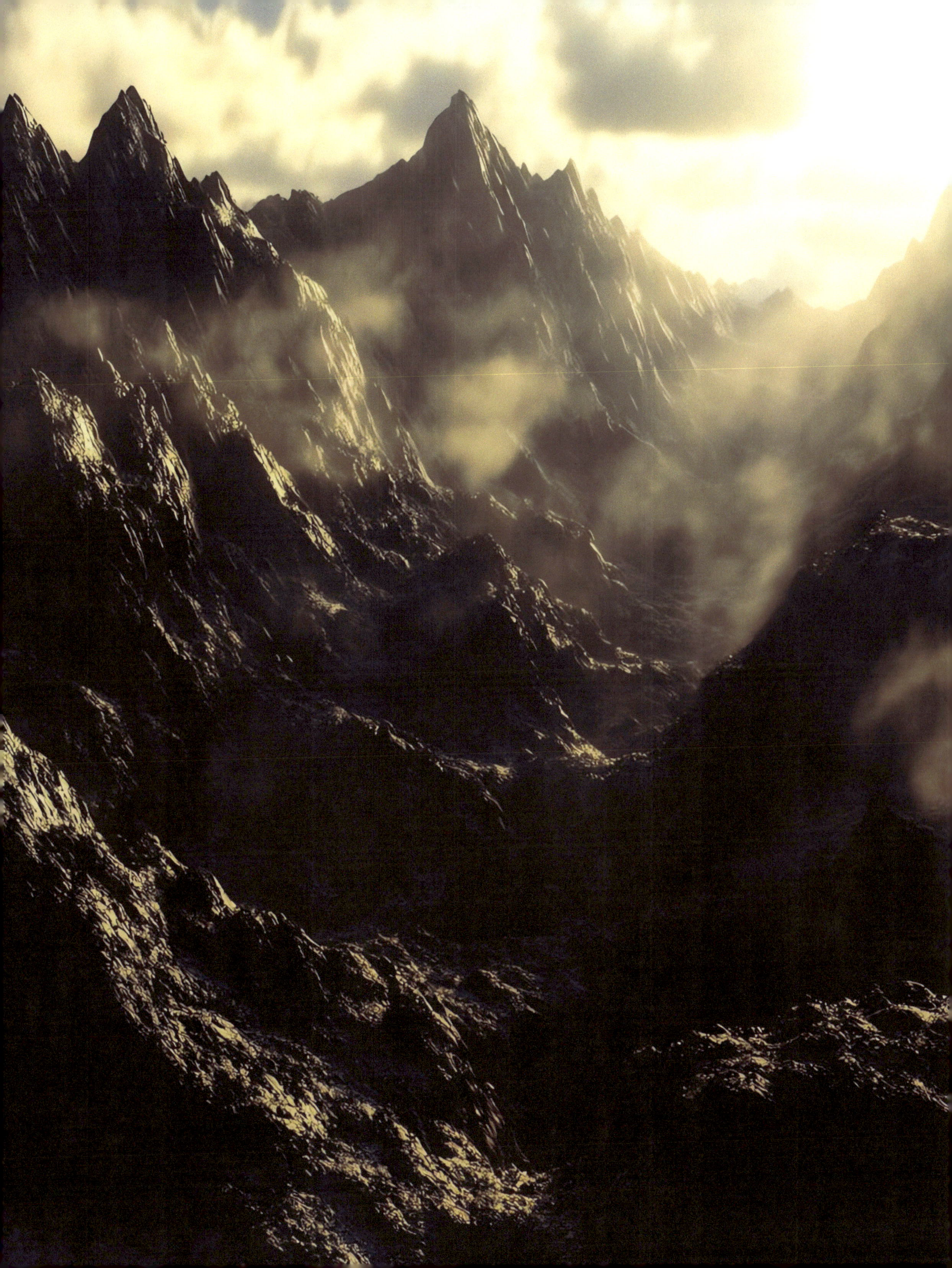

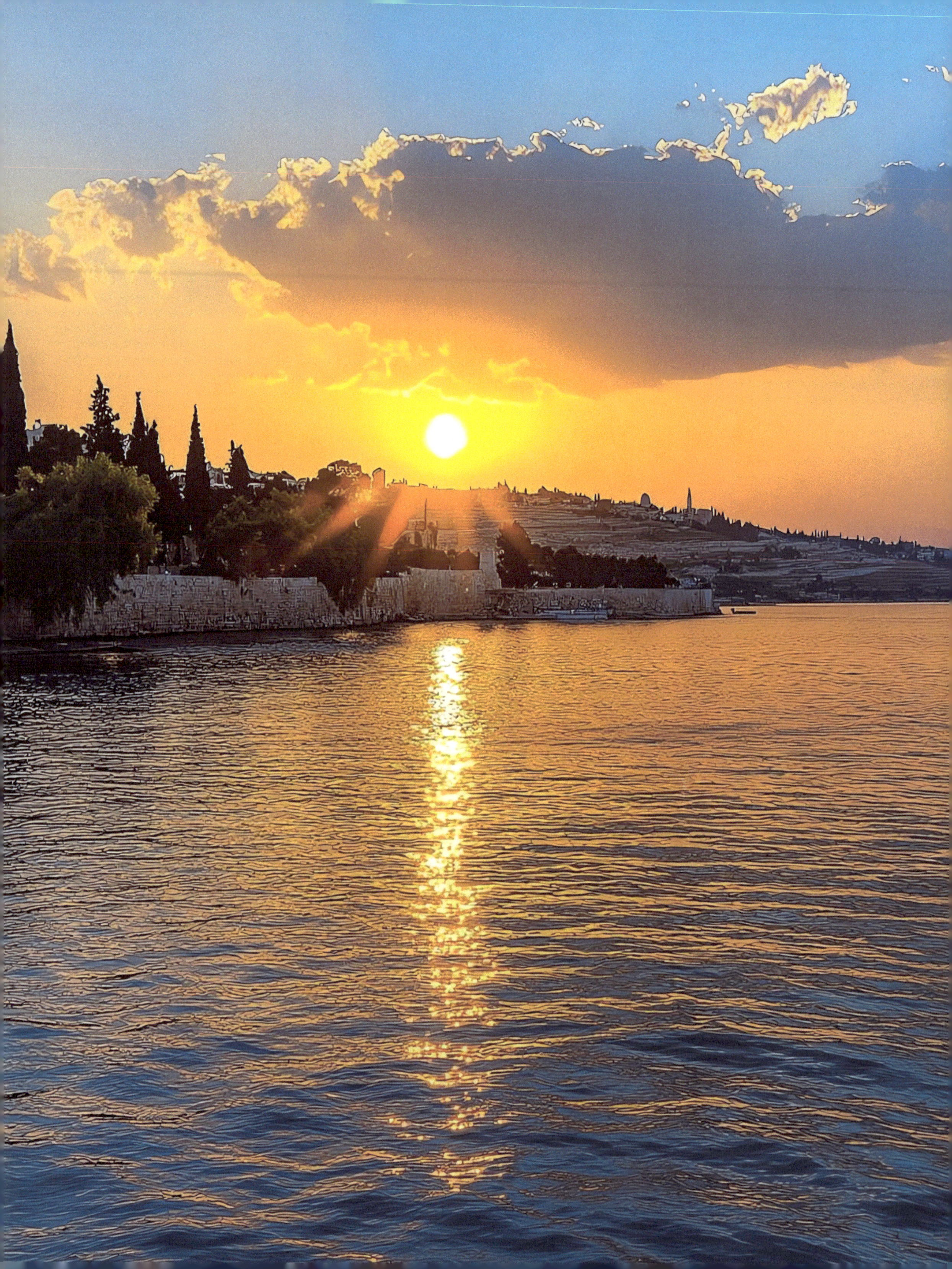

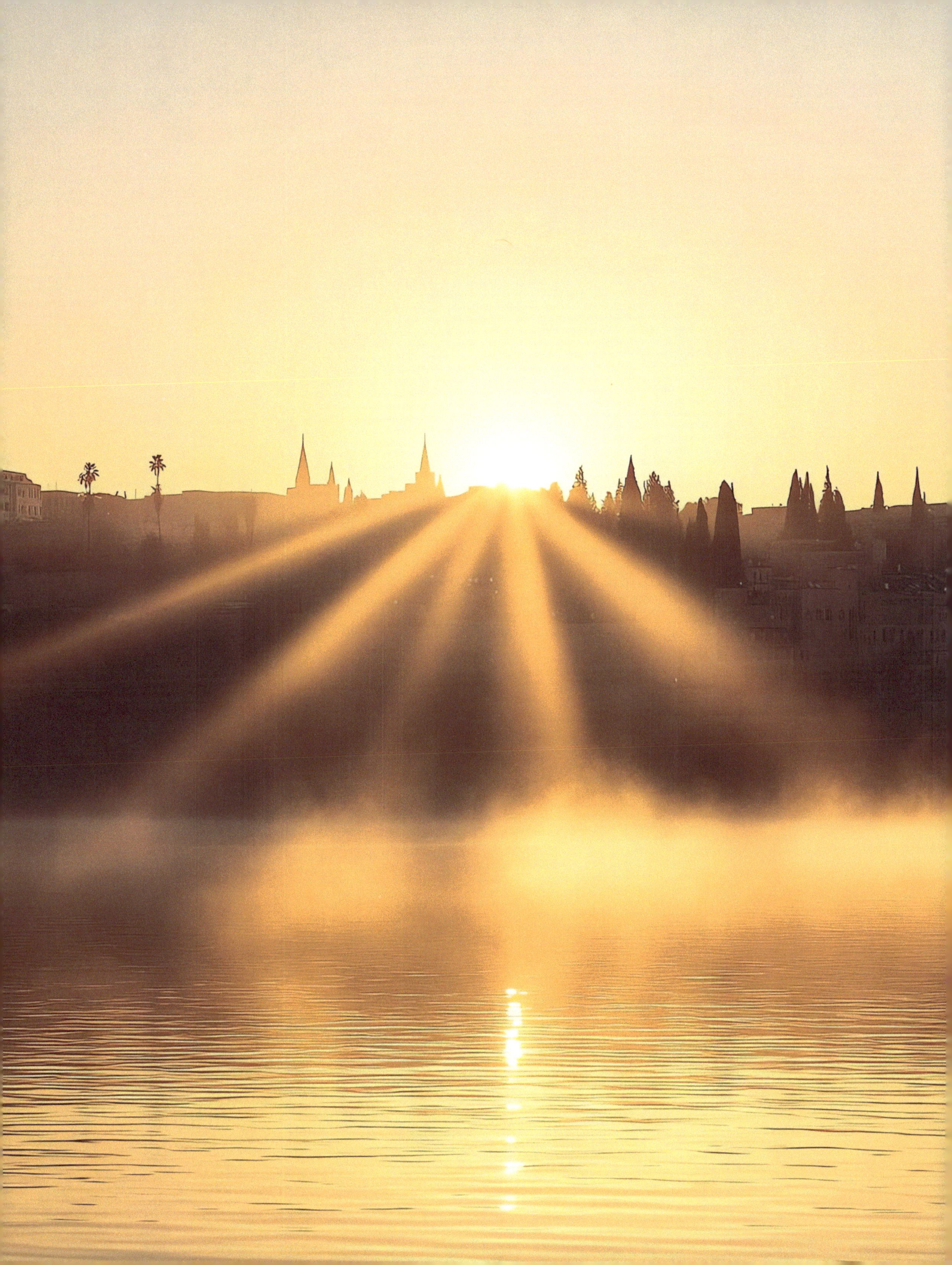

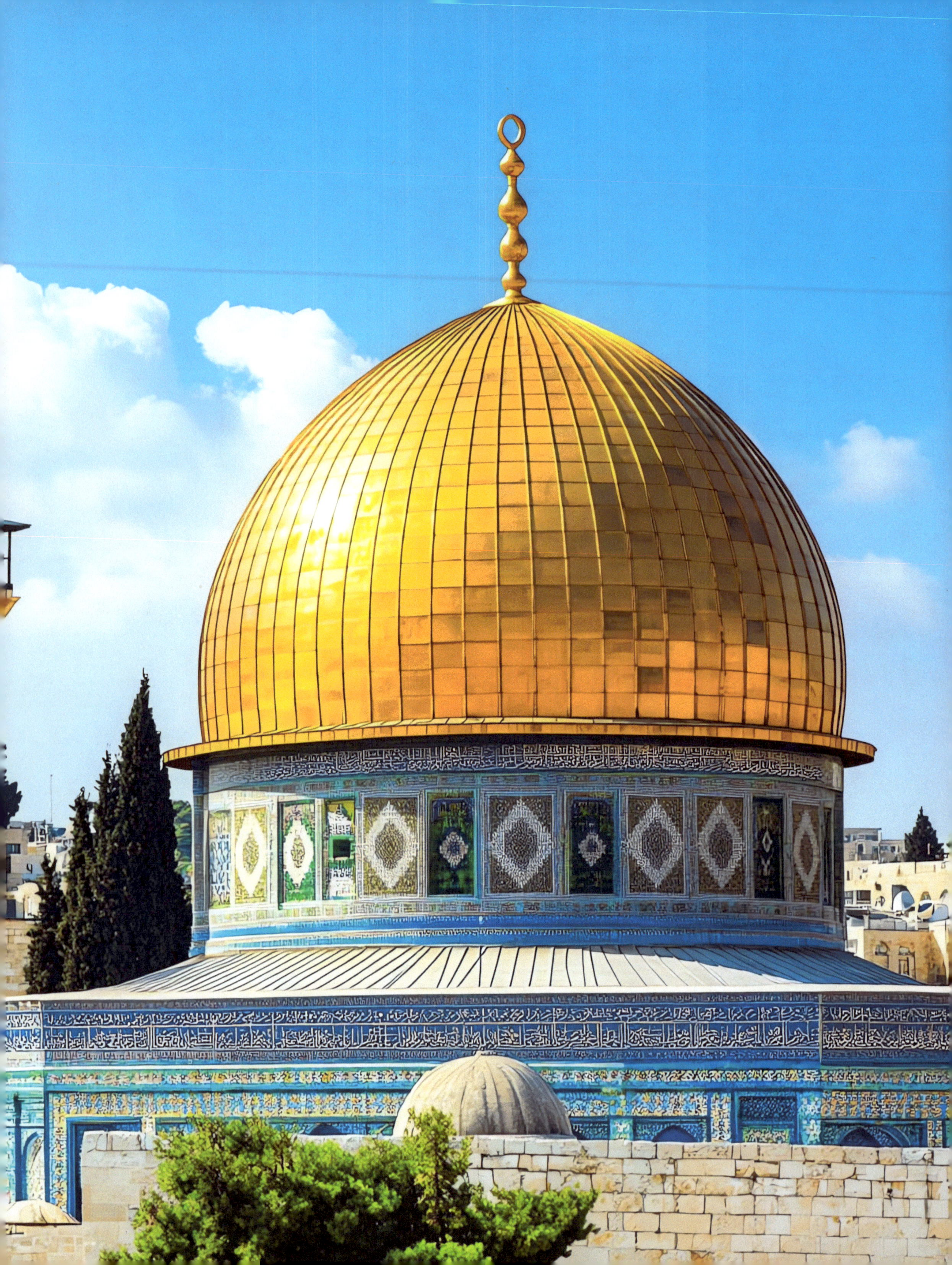